應考必備！改變順序，短時間考出好成績

圖解 狡猾的讀書法

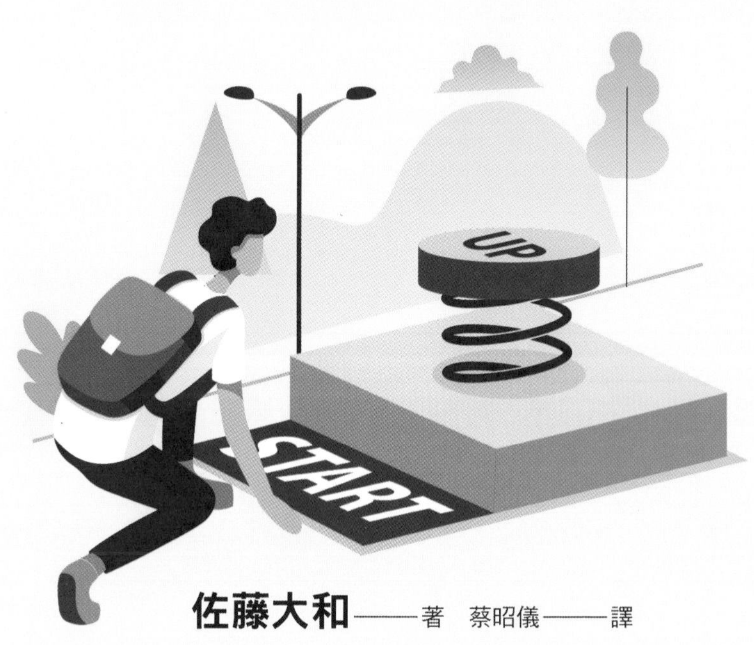

佐藤大和——著　蔡昭儀——譯

一舉通過讀書法！

相信許多人都看過《尋找威利》這本書，也玩過裡面的遊戲。在畫著密密麻麻人群的圖畫裡，尋找穿著紅白條紋上衣、牛仔褲、戴眼鏡的男子。

我們不會漫無目的地找，而是會記住威利的特徵，以求盡快找到目標。朋友或家人之間也可以比誰找得快，是很有趣的遊戲。

我所要介紹的這套「狡猾讀書法」，與《尋找威利》其實有異曲同工之妙。

威利就像讀書時的重點、問題所在。只要事先掌握，就能更有效率地吸收知識。

傳統的學習法告訴我們：先讀參考書，再做題目，然後確認答案。但「狡猾讀書法」卻是**先看答案再做題目，最後才讀參考書**。順序完全相反。

祕訣就在──先看答案

我是怎麼設計出這套讀書法的？

小學五年級才會背九九乘法；高中時，模擬考是全學年最後一名，偏差值還只有三十（注：表示成績落在全國最差的二%）。重考兩年的結果，總算考上某縣的國立大學。這樣的我，竟然能在司法考試中一試上榜。

不會解題，而且怎麼努力都得不了高分。眼看著就要考試，卻還有一大堆東西要背。走投無路之下，我想到的是把題庫的「答

前言

從吊車尾到司法考試的

案都背起來」。**既然沒有時間解題，乾脆直接看答案。**

這樣的話，不論誰都做得到。而且我驚訝地發現，先看過答案再回頭看題目，竟能像尋找威利那樣，找出重點來。先把握重點或常出現的題目，再讀參考書，就不會再像以前那樣摸不著頭緒，很輕鬆就能理解。

只要找到捷徑，人人都能成功！

儘管這個發現很不得了，但重點在於通過考試。考試時，最重要的是即時反應作答，所以我在背答案時，也很注意速度。

因爲時間有限，所以連筆記都免了。

爲了牢記背過的東西，反覆進行「回想訓練」，縮短思考時間，練就即時想出答案的功夫。

「背下來，想起來」——將這個過程系統化的，就是本書。

- **不用理解，先看答案**
- **不需要做筆記**
- **花費的時間越短越好**

在瞬間「背下來」「想起來」的讀書法，人人都可自學。

我追求不靠學校、不用補習，就能輕鬆用功的方法，得到的結果就是開發出這套最省時、最有效的讀書法。

CONTENTS

老是吊車尾的我，怎麼成為律師的？

「狡猾讀書法」誕生的祕密

原案／佐藤大和
漫畫／和乃彩子

這種環境是要怎麼念書啦！

你們每天大聲來大聲去的我要怎麼專心……

大志天天帶他那些狐群狗黨來家裡老媽和老爸也總是吵架……

蛤？

我們才沒做什麼壞事是哥哥自己太沒定力吧？

びくっ

驚

你就是這樣才會在學校被霸凌啦！

……

沒錯
我個性懦弱
做事又老是
不得要領
めり…
擊中……
是半點長處
也找不出來的
窩囊廢
ガーン
打擊
而且
小學的時候
考試完全
靠作弊
完全就是個
「狡猾」到不行
的小鬼
看到了
你……

你剛剛在
作弊吧…
咦
あっ
啊
就算是小考
也不能這樣

對不起……

不過……
只要知道答案
就可以拿到分數……

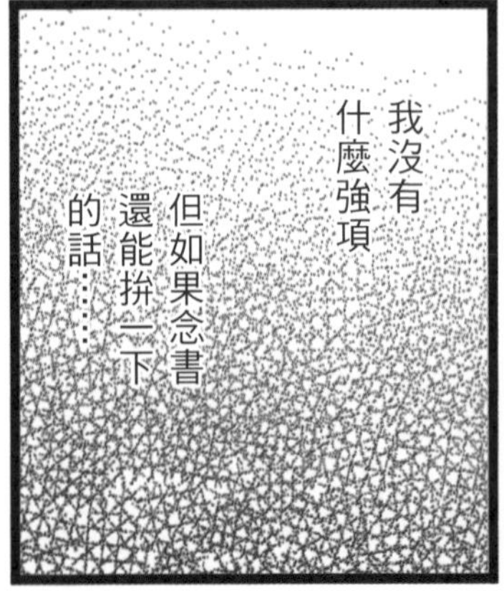
我沒有
什麼強項
但如果念書
還能拚一下
的話……

咦?!
你要考升學高中?!

……好吧你就盡力試試看吧
是……

我不是要潑你冷水，但你的成績實在是……
我一定會拚命用功!!

嘿～
老哥你在念書啊～

怎樣？有意見喔？
揮揮
沒～有

什麼都好真希望自己能有個什麼長處
想受歡迎
現在回想起來當時可能只是想要有什麼可以炫耀而已

那時候
我拚命用功
總算考上
附近的升學高中

但現實
並沒有
那麼簡單

你總得先睡著才能做夢啊
竊笑
くすくす
哈哈
ハハ

沒考上大學重考生活一天混過一天……
我到底在做什麼啊

正當我對自己的將來感到不安時……

喀啦
ガラッ
老媽!!
啊……
聽說妳昏倒了……要不要緊？

不用擔心只是過勞而已……
很快就能出院了

不能再這樣下去
我一定要改變！

只是過勞而已……
這…

媽媽出院後
我決定一個人
搬出去住

重考兩次
總算考上大學
進入人文學部

但我又不是法學部
要考上法律研究所
可沒那麼簡單……

已經沒有時間了

首先得改變
念書方法才行……

正規方法不行

先看「答案」不就行了!!

我不斷嘗試自己整理出一套讀書法

在三個月內考上名校的法律研究所

後來……

欸~你通過了司法考試?!

而且還是一次就過關?太厲害了!真的是菁英耶!

將來要當律師?檢察官?

我才不是菁英……

勉強說的話也只是從「讀書法」開始努力而已

什麼樣的讀書法?

這個嘛……

給認為
「我做不到」
而放棄的你……
是祕密☆
咦～?!
騙妳的啦！
あははは
啊哈哈哈
這是個可以
讓你從谷底
翻身的讀書法
你何不
讓自己
得償所願呢？

《狡猾的讀書法》 讀者好評

《狡猾的讀書法》上市後，我接到許多讀者來函。從十三歲到八十歲，遍布各世代的廣大支持者中，也有許多讀者正努力準備教師或各種證照考試。藉著這些經驗分享，可以得知他們獲益的重點，有助於各位盡快吸收《狡猾的讀書法》精華。就讓我們來看幾項《狡猾的讀書法》中的威利（重要的論點．問題點）吧！

照著書中所提倡不勉強、輕鬆學習的理念，我學會思考自己該如何有效學習！

30多歲女性

參考書→題庫→考古題曾是學習的鐵則，這本書卻完全反過來，使我的思維煥然一新。

50多歲男性

一開始看考古題就好。

50多歲女性

與傳統學習法完全相反，非常新穎。

40多歲男性

「先看答案」真是全新的創意，我非常認同！

60多歲男性

光看書名，還想像不出有多「狡猾」，但其實非常有道理。

40多歲女性

先認清自己「做不到」的事實，再開始努力，對考試或工作都非常有用，我相信這麼做，一定可以成為優秀的人。

10多歲女性

從答案下手的這種思路，與過去完全相反，我認為值得一試。

10多歲男性

我對書中八成的內容「完全認同」。

70多歲男性

我覺得重要的地方幾乎都有圖解說明，十分淺顯易懂。

20多歲男性

我很驚訝，竟然不用做筆記！

10多歲男性

是誰決定讀書不能輕鬆進行的？

40多歲女性

我現在都在睡前集中用功。

40多歲男性

將「情緒」化為原動力。

20多歲男性

睡前的整理和起床後的回想相輔相成，給了我許多靈感。

50多歲女性

簡單不繁瑣的讀書法，這樣就能考上了。

40多歲男性

「受人歡迎」是我的目標。

10多歲男性

第 1 章

不用「理解」，只專注於「答案」

為了「記得」，輸入資訊的方式非常重要。
不論是考古題、題庫、參考書的使用，
或是那些「理所當然」的讀書方法，
都有重新調整、重新思考的必要。

不需要解題，看答案就好

要通過考試，就先背答案

正在閱讀本書的你，是不是還照著學校或補習班所說的方法學習？先讀課本或參考書，把該記的重點背下來；接著寫題庫，最後挑戰考古題。你應該是這樣念書的吧？

如果想要既不浪費時間，又能輕鬆通過考試的話，就得先丟掉那套方法。**不需要解題，只要把答案背下來就好了。**

解題時，一定會卡在「不懂」這一關；接著因無法解題而覺得挫折，最後乾脆放棄。不過題庫附有「解答」，而考試只要答對就能過關。所以，先背答案才是最快的捷徑。

念書時絕對不要做的事

 照補習班或學校所說的讀

 一邊讀課本或參考書，一邊把該記下來的地方做成筆記

 先寫題庫的題目，最後才挑戰考古題

就從懷疑「理所當然」的讀書法開始吧！

改變理解順序

解完題目，寫下答案

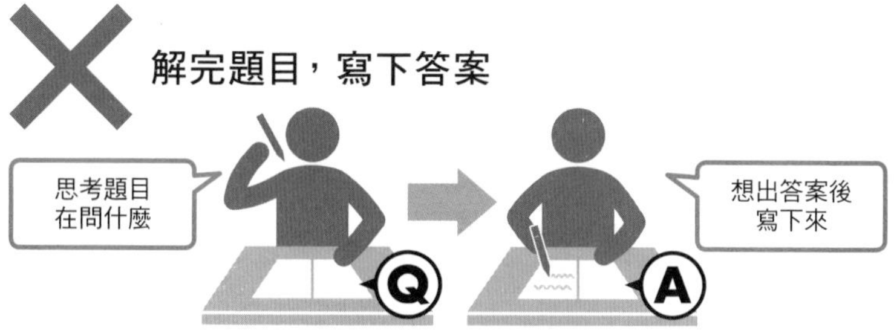

從理解開始，無端浪費時間

不看題目，先看答案

光是改變順序，之後自然就能理解

不解題——▶不試圖理解——▶只看答案，這就是達成目標最快的捷徑。

只要持續下去，自然就能理解

背誦時，不需要理解題目和答案。因爲目標不是「理解」，而是「考上」。**就算一開始不勉強自己搞懂，只要持續下去，「自然」就會懂了**。換句話說，只是「改變理解的順序」而已。

記住答案這種事，任何人都能靠自己的力量做到。不必去補習班或學校上課。

「不解讀問題、不試圖理解，只看答案」，沒有比這個方法更簡單的了。

人是健忘的生物，背誦時以「會忘記」為前提

因為會忘記，所以要背下來

許多人都會說：「就算當下記住了，也會馬上忘記。」「我的記憶力不好，沒辦法記得很多。」但其實我們根本不用害怕忘記，**因為人類本來就是「健忘的生物」**。即使一時記住了，如果沒有反覆輸入資訊，時間越久，忘記的部分就越多。這是在各種科學領域都已經證明的事實，其中最有名的莫過於「艾賓豪斯的遺忘曲線」。再怎麼用功，過了二十分鐘後，大約會忘記四二%，一小時後大約忘記五六%，一天後大概會忘記七四%。

這麼看來，背誦不是爲了不忘記，而是正因爲「會忘記」，才必須這麼做。**所以不必擔心會忘記，只要把想法轉換成「我知道自己會忘記」就好了。**

短時間內反覆回憶才是祕訣

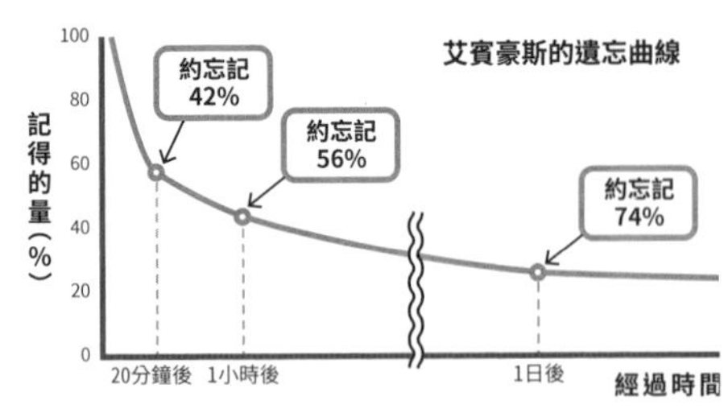

背誦不是為了不忘記，正因為「會忘記」，才要這麼做。

讓記憶穩固的方程式

長時間 × 讀書量＝記憶力

讀完時，已經忘了一開始的部分

START　GOAL

雖然花了很多時間，卻不記得剛開始讀了什麼

短時間 × 次數 × 讀書量＝記憶力

在忘記之前就複習

START　GOAL　START　GOAL　START　GOAL …

以短時間重複溫習，才不會忘記內容

反覆溫習，讓輸入大腦的資訊多過忘記的量，就能變成牢固的記憶。

短時間內反覆回憶才是祕訣

那麼，該如何記憶才好呢？

許多人可能以爲，花越長時間，就能記得越牢；但最初背下來的東西，到後來根本都忘光了，徒然浪費時間。事實上，利用簡短的時間、增加複習的次數，才能留在記憶裡。比如說，**不要花一小時背完一本題庫，而是分成三次、每次二十分鐘。**

「長時間×讀書量＝記憶力」是不對的，**「短時間×次數×讀書量＝記憶力」**，這才是讓記憶變得穩固的絕對公式。

讓記憶像漩渦般向外擴展

03

別想一開始就完全記住

關於背誦，還有一個重點，就是「別想一開始就完全記住」。

有些人努力了老半天，卻得不到什麼結果。這樣的人，很可能從一開始就想完美地把所有內容都記在腦中吧。

這種人對讀書法的想像是「一個完美的圓」，但事實上，想畫一個完美的圓，是相當困難的：越想畫得漂亮，心理負擔就越大。而且圓形是一個封閉的形狀，無論重複多少次，記憶的範圍都不會擴大。

人的腦力有限，「記不得」的負面情緒，也會成爲學習時的一大障礙。從自己能夠記住的最小範圍開始，是非常重要的觀念。

努力卻得不到回報的典型

一開始就想全部記住

想畫出完美的圓

太努力而覺得有負擔

切記：要像漩渦一樣，由小慢慢擴大

掌握對讀書法的想像

不要追求完美

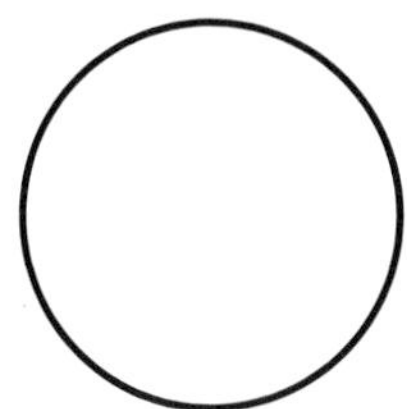

實際畫畫看！

從中心開始輕鬆記憶

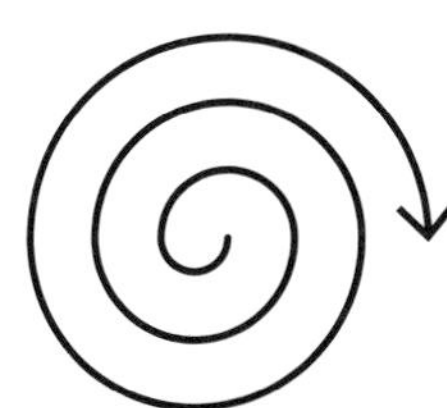

實際畫畫看！

像漩渦一樣，從最中心開始，反覆回想，一點一點擴大記憶的範圍。

像漩渦一樣，從最小的點開始

這裡我們要想像的，不是「圓形」，而是「漩渦」，就像拉麵裡那片有螺旋花紋的魚板。從中心的一小點開始，一圈一圈向外擴大。

記憶要像漩渦一樣，從最小的點開始。**藉由反覆回想，就能慢慢擴大記憶的範圍。**

漩渦與圓形不同，藉著離心力旋轉，不會造成負擔，不必費勁，很輕鬆就能向外擴張出去。

就從想像這個圖形開始吧。

一開始只要考古題！三個步驟反覆練習

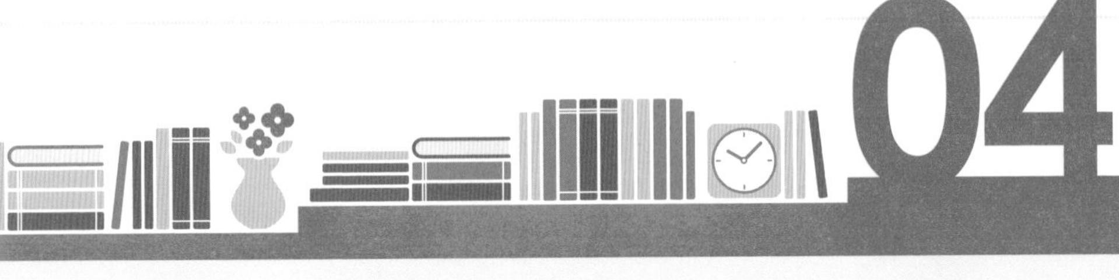

首先，反覆看考古題的答案

先買一本集結過去三到五年題目的考古題集。選擇考古題時，可以參考下表列出的重點。書是否合用，會對學習的動力產生影響，如果怎麼讀都不習慣，最好馬上更換。

書買好後，**第一個步驟，先大概瀏覽一下目次，然後直接看答案**。不用理解、不必費神，只要瀏覽就好。

第二個步驟，**對照答案和題目**。看一題答案，就對照相應的題目，逐一看下去。第三個步驟，再**瀏覽解說部分**。這時可以順便在旁邊寫下讀後感想，諸如「好有趣！」或是「原來如此！」等，可以幫助記憶穩固。每個步驟都不要花太多時間進行，而是反覆練習，慢慢增加次數。

選擇考古題的不敗 3 原則

1	先搜尋使用者的評價
2	篩選出3個解說詳細的版本
3	前往書店實際翻閱，相信自己的偏好和直覺

考古題活用 3 步驟

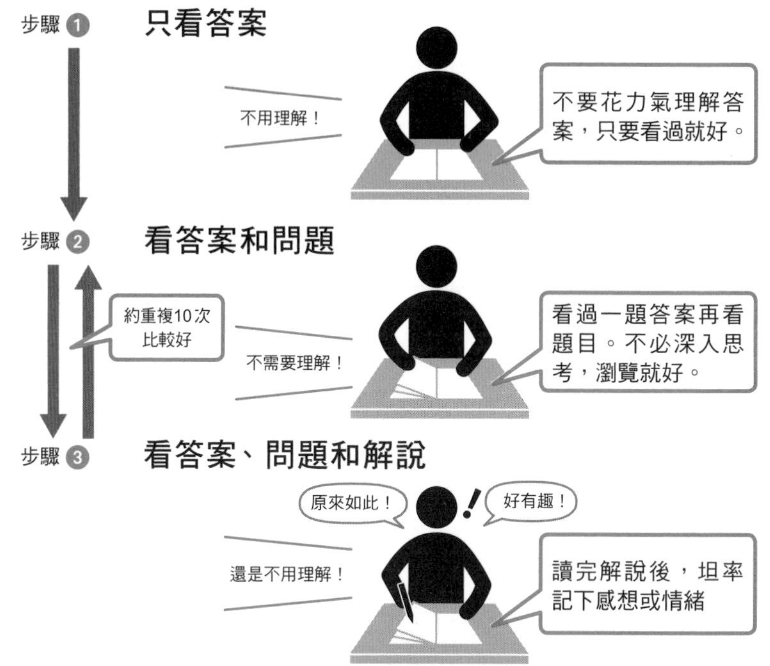

反覆累積溫習次數，一點一點增加時間，慢慢閱讀。題庫也以同樣方法依序進行。

題庫也以同樣步驟實踐

以上步驟反覆進行約十次左右，就可以換一本較薄的題庫。選購兩冊包羅各種題型的題庫本，與考古題一樣，重覆以下三個步驟：

一、只看答案
二、看答案和題目
三、看答案、題目及解說

切記要和考古題一樣，慢慢增加複習時間。

常備兩本題庫和一本考古題，輪流練習。重複十次後，再買新的題庫和考古題。增加瀏覽的題型，對正式考試也很有幫助。

排序分類，決定「不做」的事

以出題頻率及難易度為排序標準

只要重複閱讀考古題和題庫，就會發現：有些題目經常出現，有些則不太常。不想花太多時間準備就考上的話，就要先將題目排序，決定哪些部分不讀。

每年都會出現的題目是A級，兩到三年出現一次的題目為B級，難得出現的題目則是C級。C級題目可以不用做，A和B級直接標記在題目旁即可。

接著以「難易度」排序，同樣分成三級，**超基礎的題目是「＋＋」，基礎題目是「＋」，應用題或自己不擅長的題目則是「－」**。「－」就是不用看的題目。理由是，只要把握基礎題，考試就能合格。做不擅長的題目不僅浪費時間，也會造成精神上的負擔，沒必要勉強解題。

考試的定則

比應用題更難的題目1成

應用題3成

基礎題6成

只要讀這些就夠了

想要合格，只要先排除不擅長的題目，把重點放在6成的基礎題就好。

依順序排列題目

以「出題率」與「難易度」排序

出題率

A：每年都出現的題目
B：2 到 3 年出現一次的題目
C：很少出現的題目

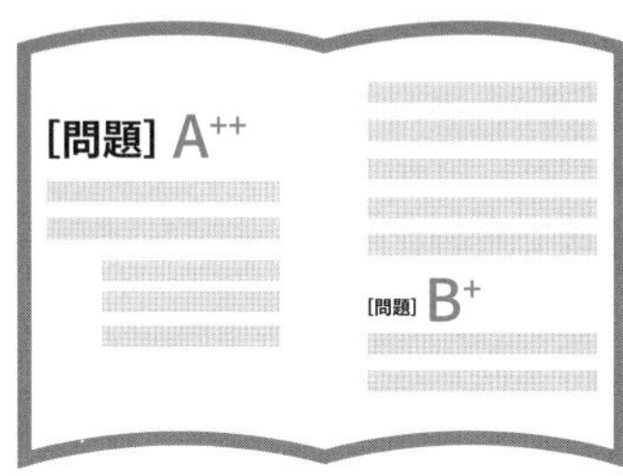

難易度

＋＋：超基礎題目
＋：基礎題目
－：應用題或自己特別不擅長的題目

學習時的順序

$A^{++} > A^{+} > B^{++} > A^{-} > B^{+} > B^{-} > C^{++} > C^{+} > C^{-}$

應該要做的題目　　不做也沒關係的題目

判斷題目、排出順序，決定「不做也無妨」的題目，標記在題目旁邊即可。

有效學習是可能做到的！

以出題頻率和難易度分類排序後，就能清楚看出最優先練習的題目是哪些了。出題率最高、超基礎的題目就是「A^{++}」。拿出題率與難易度相比，多做出題率高的題目，合格的機率就高，所以A優先於B，而「A^{+}」比「B^{++}」優先。但即使出題率高，「A^{-}」仍是可以放棄的題目。考試時，困難的題目只是浪費時間，並無可取之處。

決定好不做的部分，該做什麼就很清楚了，如此便能更有效率地學習。

無論如何，參考書最後才讀！

06

知道答案後，才輪到參考書出場

光是知道答案，也不過是知識的一個「點」。想要更進一步時，就得靠參考書了。大家都認爲，準備考試最需要的是參考書，但並非所有內容都會出現在試題裡；此外，劈頭就讀參考書的話，也無法馬上理解。**知道答案後才讀參考書，就能把零散的「點（答案）」連成「線（知識）」**。正是因爲知道答案，才輪得到參考書出場。我所提倡的讀書法與一般學習法順序相反的道理就在這裡。

題庫做越多越好，至於參考書，除了像司法考試這種錄取率很低的考試外，一本就夠用了。參考書的選擇標準與考古題或題庫相同，先上網搜尋評價好的版本，再到書店實際瀏覽挑選。

最後才讀參考書的 3 個理由

1	並非全部內容都是必要資訊
2	知道答案後再讀，理解更快
3	能將背下來的答案連結成知識

聰明使用參考書的方法

與考古題相同，選擇題型較齊全的

確認考古題、題庫曾出現的題目

憑記憶寫下題目排序

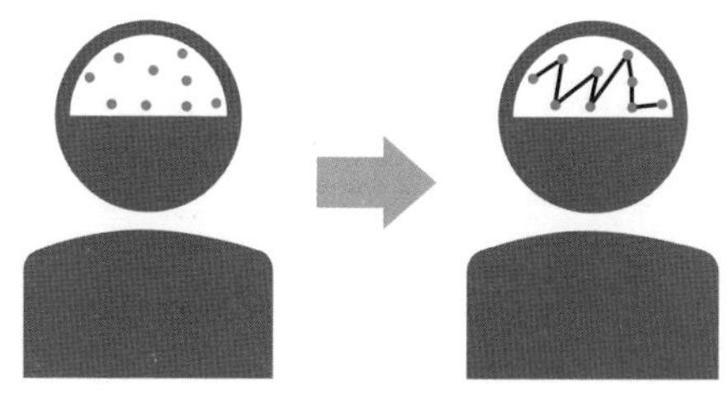

從「點（答案）」變成「線（知識）」

若一開始就讀參考書，會因為範圍太廣，使得不懂的地方過多。等知道答案後再讀，就能更快理解。

將背下來的答案變成知識！

首先，打開參考書，**先找出目前為止讀過的考古題或題庫裡曾出現的內容**。沒出現過的，將來考試時也不會需要。接著，**將「題目排序」也寫進參考書裡**。如此一來，準備考試所需要的內容就能一目了然。

這麼做最大的好處，便是前面提到的「把知識串連起來」。乍看之下沒有意義的零散資訊產生了關聯，「原來如此！」的喜悅會促使大腦分泌多巴胺，更能讓記憶變得深刻。

知道答案後才讀參考書。這是鐵則！

第1章 總　結

不解題，
一開始看答案就好。

不要花長時間研讀，
而是短時間反覆練習。

一開始只看考古題，
先不讀參考書和題庫。

不要解應用題。
決定不做的部分。

參考書是將點連成線的工具。
題庫沒做完就不要讀。

第 2 章

過目不忘的七大祕技

背了再多，要是想不起來，就一點意義也沒有。
由於記憶會漸漸變淡，要提升學習效率，
就必須設法加深記憶。時間之前，人人平等，
因此更要懂得聰明利用它。

不抄筆記。那只會剝奪時間和記憶

07

筆記做得再漂亮，也不會記得比較牢

大家平常念書時，是不是都習慣抄筆記？**請恕我直言，抄筆記這種事，完全沒有必要！**抄筆記原本是爲了「讓學習過的內容化爲腦中的記憶」，但許多人卻只是茫然地抄寫。

準備重考的那兩年裡，我也曾把數學課本完整抄了一遍。用各色簽字筆分類，還用尺和圓規等工具，把筆記寫得漂漂亮亮，但最重要的題目卻一題也不會。不知不覺中，**「寫得很漂亮」反而變成了抄筆記的目的。**浪費大把時間，卻沒有吸收到任何東西，這正是無用學習法中的典型。

如果是一邊思考一邊寫，那倒還好；要是什麼都不想，只是一味抄寫，那可眞是有百害而無一利！

「寫了就記得」的錯誤方法

 **講究寫法**

 **照抄內容**

  **試圖整理得很漂亮**

未經思考，光是抄寫內容的筆記，根本浪費時間。

抄筆記與寫註記的不同

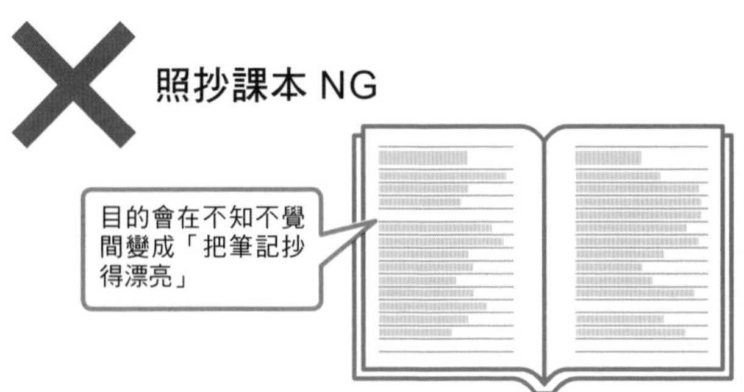

抄筆記需要花時間寫，其實很沒效率。在參考書上註記重點，才能幫助複習。

不要抄筆記，寫註記就好！

有了重考兩次的失敗經驗，我不再抄筆記，而是改寫註記。

註記直接寫在參考書或課本上就好，不需要另外準備筆記本，而且**只要簡短地記下重點**。如果有好幾冊參考書或課本的話，很容易忘記寫在哪一本，所以只要寫在固定某一本上就可以了。**寫完後，要反覆瀏覽和回想**。「反覆練習」是「記憶」不可或缺的要素。考試當天也只要帶這一本就好，考前瀏覽一下，幫助喚醒記憶即可。

睡前用很短的時間一口氣複習

用很短的時間濃縮重點

據說大腦最活躍的時刻是早晨和上午。但**背誦最好在晚上就寢前**。科學上已經證明，我們會在睡眠時無意識地保存當天記得的事。若有需要背誦或非記住不可的事情，就利用臨睡前的三十分鐘集中進行吧。

白天的時候，就和平常一樣，「看考古題答案、看題目」，這時應該就會知道單字等「默背重點」。**把這些挑出來，在睡前集中記憶**。

集中記憶的時間設定爲三十分鐘左右；如果是用功了一整天的人，也可以設定爲一小時，重點是「與學習量相符的短暫時間」。**不要拖拖拉拉的，在短時間內一氣呵成是訣竅**。

睡前默背最理想

 睡前30分鐘集中回想讀過的內容

 睡前5分鐘寫下默背的項目

 盡可能馬上入睡

睡眠也是讓記憶穩定的學習重點之一

在睡前總結學習概要

集中在睡前 30 分鐘整理

睡前 5 分鐘寫下註記

寫法請參考第50頁

集中在睡前30分鐘整理當天讀過的地方，再花5分鐘做註記，然後就寢。記憶會在睡眠時固定於腦中。

睡前不要滑手機

默背完，**再用五分鐘整理當天學習的內容，寫下註記**——方法會在第三章詳細說明，如此一來，包括剛剛背誦的東西，一整天的學習內容就可以在睡眠時記在大腦裡。

接著，**要盡可能趕快入睡**。很多人習慣睡前再滑一下手機，但這樣會造成多餘的資訊輸入，反而會忘記剛才刻意記住的東西。此外，手機的藍光也會妨礙睡眠，所以要盡量避免。聽音樂有令人放鬆的效果，睡覺時聆聽倒是無妨。

起床後立刻回想！讓記憶逐漸穩固

09

想不起來的內容要馬上複習！

前一晚臨睡時集中記憶的內容，隔天早上必須馬上進行回想。

早晨睡醒後，先暫時閉上眼睛，試著回想積存在大腦裡的東西。這部分將在第三章「記憶存取法」的「早晨五分鐘」中提到。

想不起來的部分，先記在放置於床邊的便條本，也可利用手機的備忘錄功能，但總之先記下來，接著馬上看參考書或課本複習。隨著時間過去，記憶會變得更模糊，所以一定要馬上複習！如果早上沒有時間，利用通學或通勤時間一樣可行。

和默背相同，不要花太多時間。**回想約在五分鐘、複習控制在十五分鐘內**完成即可。

1天就從讀書開始

起床後馬上複習前晚的功課

想不起來的地方，利用15分鐘再看一次

沒有時間的話，就利用通勤／通學時間

不論考試還有多久，每天都要實踐！回想可以強化記憶

早上起床要做的事

起床後，用 5 分鐘回想

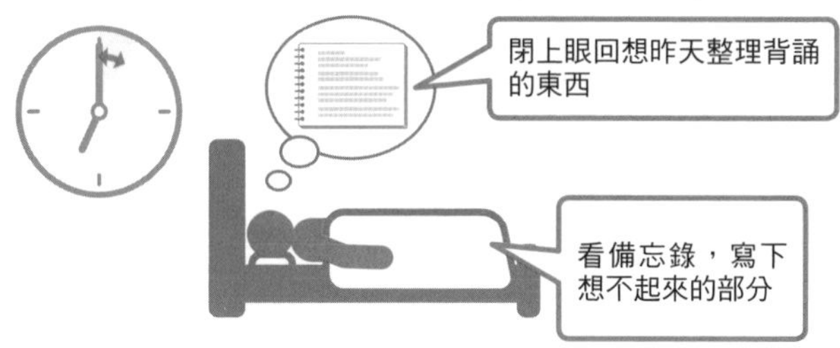

之後，利用 15 分鐘重讀一次

睡醒後馬上回想昨天的內容，以防記憶流失。時間過得越久，越容易忘記，一定要盡快進行。

不只是考前，每天實行才有效

這個方法，大家應該在考試前都會做——就是所謂的「臨時抱佛腳」。這個方法的確能暫時留住記憶，但通常考完就忘得一乾二淨了。而且臨時抱佛腳還會造成睡眠不足，使得許多人無法完全發揮實力。因此，要抱佛腳的話，不要只在考前，而是每天都要。只要每天實行，短暫的記憶就能變成長期記憶，牢牢地留在大腦裡，考試時就能感到無比安心。

和運動相同，「持續就是實力」，學習也要每天反覆練習，才能贏得勝利！

充足的睡眠，有效提升記憶質與量

10

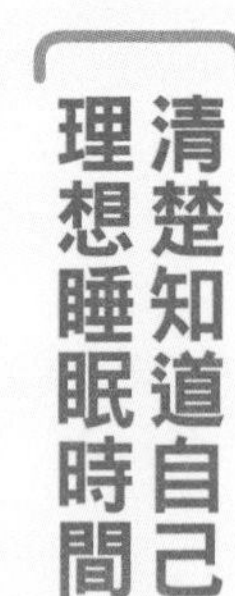

清楚知道自己的理想睡眠時間

雖然大家都知道「睡眠很重要」，但似乎還是有許多人爲了用功而犧牲睡眠。大腦若沒有充分休息，就無法期待好表現。因此，**充足的睡眠非常重要**。

事實上，所謂充足的睡眠因人而異。試著留意幾次「睡到自然醒」需要的時間，以此爲基準，並盡可能確保自己睡好睡滿。**我的理想睡眠時間是七．五小時。**準備考試時，我多半十二點就寢，早上七點半起床，但就寢時間沒必要固定。

如果沒辦法一次睡足，可在午後稍事休息，反而更能集中精神、提升效率。

力求盡速入睡

睡眠不僅講求「時間」，「品質」也很重要，重點在於從躺下來到睡著的時間越短越好。臨睡前如果還玩遊戲或滑手機，就會在大腦沒有休息的情況下睡著，一定要避免。

我盡量讓自己在閉上眼睛後五分鐘以內睡著。

閉上眼睛，想像自己是心儀的漫畫主角，想著想著便能順利睡著。失眠的原因大多在於「雜念」。請不要思考現實的事情，而是想像喜歡的人物，使雜念消失，就能在短時間內睡著。

知道自己的理想睡眠時間

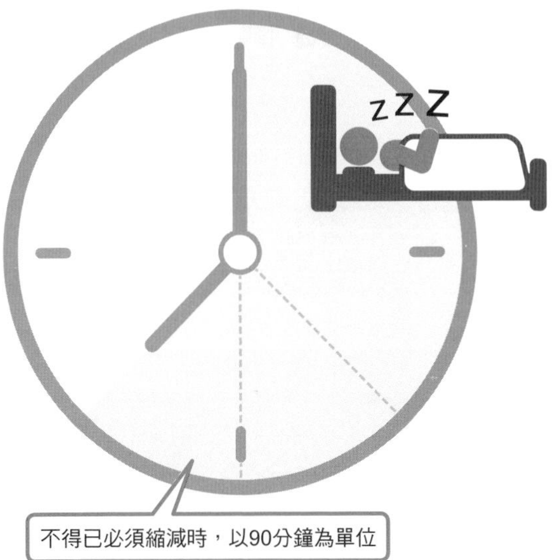

與其犧牲睡眠埋頭用功，不如減少讀書時間，以確保充分的睡眠為優先。

5 分鐘入睡的訣竅

 臨睡前不玩遊戲或看手機

 心無雜念

 想像自己是漫畫主角

一躺平就入睡，才是優質睡眠

靜心和午睡能使頭腦清新

11

排除雜念，什麼都不想

與夜晚的睡眠相同，白天也需要安排時間讓大腦休息。我推薦大家試試**「靜心」**。

我對靜心的定義是「排除雜念，不思考任何事情」的狀態。將盤腿坐在地板上，閉起雙眼。將房間燈光調暗，戴上耳塞或耳機，以屏除視覺和聽覺資訊；若有焚香或薰香更好。這是理想的靜心狀態，但不是非得這樣不可，有些人或許覺得遮蔽一切聲光反而不能放鬆。這時也可以聽自己喜歡的音樂。

時間長短沒有一定，不過一旦開始產生雜念，就要停止。

即使只是很短的時間，靜心也能讓大腦恢復清醒，讓接下來的學習效果更顯著。

午睡也能讓大腦恢復清新

與靜心一樣**有重振大腦效果的是「午睡」**。科學證明，適度午睡可以提升工作或學習效率，近來甚至有企業爲員工規畫午睡時間。

至於「適度」到底是多久？雖然眾說紛紜，不過睡太久反而會讓大腦變得混沌，因此控制在十五到三十分鐘之間爲佳。

眞的昏昏欲睡時，還是睡一下比較好；忍住睡意反而會降低效率。不用躺下來，只要趴在桌上

嘗試靜心

排除一切雜念，進入放空狀態。即使時間很短暫，靜心也能使頭腦清新。

不容小覷的午睡

據說小睡一會兒不但能提升能量，也能提升學習效率

假寐一下，就能達到讓大腦「重開機」、提升效能的功用。

每週安排一個下午「放假」不念書

安排休息日，才能長期抗戰

這也是使大腦恢復清新的方法之一。不要每天不眠不休地用功，**一星期安排一天，空出一個下午，不做任何新的學習**。

或許有人會說「時間寶貴」，但**不休息就會降低效率，整體看來其實有不良影響**。此外，一直做同樣的事，會讓大腦變得疲乏，靈活度也會降低。因此，就算再忙，也要安排休息時間，例如「星期三下午不念書」「星期日下午暫停資格考的準備，改看有英文字幕的外國影集」等，從例行的學習中稍微抽離。

一時之間，大家對這樣的安排或許感受不深，但「調劑」對學習的重要性比想像中來得更關鍵，有足夠的休息，才能長期抗戰。

獲得滿足和刺激，大腦才能活化

度過休息日的重點在**「充實感」**，比如看看漫畫或休閒讀物、旅行、約會、唱ＫＴＶ……等，盡情玩樂。這種充實感到了隔天，會讓人更有活力面對學習。只要能覺得滿足，就算一整天無所事事也沒關係，但絕對禁止睡整天，因爲睡眠時間會因此變得不規律，反而影響效率。

另外，讓身心**「獲得刺激」**也很重要。請試著接觸新事物、接受新挑戰吧。這些未知的刺激，都將有助於活化大腦。

對學習來說，休息也很重要

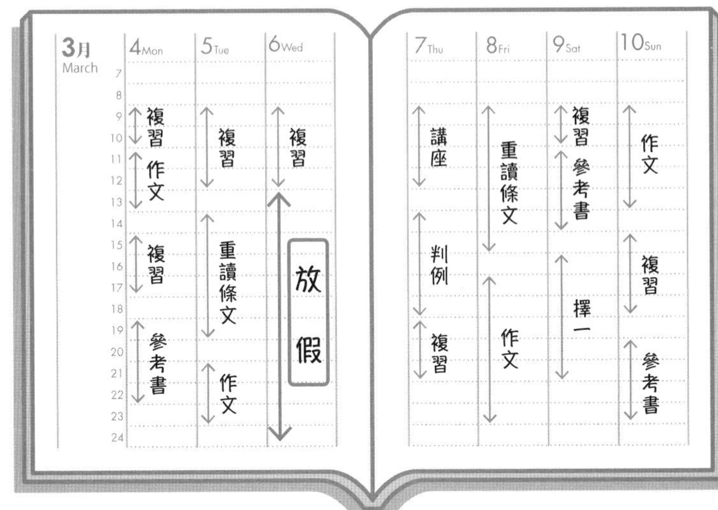

每週空出一個下午，完全不安排新的學習計畫，除了提振自己的精神，也能活化大腦

安排休息日的重點

獲得充實感

嗜好或遊憩會轉化成能量

獲得刺激

讓未知的經驗成為刺激

為了讓日復一日的學習得以持續，安排休息時間也很重要

將自己的長處和喜好轉換成記憶力

利用自己的長處幫助記憶

每個人都有「長處」。當有些東西怎麼都背不起來、感覺困擾的時候，**不妨發揮自己的長處，做些擅長的事**。

這裡的「長處」不是指性格，而是「身體」方面擅長的事。擅長唱歌的人，可以將數字或公式編成旋律，用唱的方式來記憶；擅長說話的人，就用演講的方式；擅長運動的人，可以一邊跑步或跳舞，一邊記憶。總之，就是配合自己擅長的身體動作。因爲在配合身體動作的同時，大腦必須把相關資訊給牢牢記住才行，藉著這種方式確實把握書本上的內容，如此便能留存在記憶裡了。

此外，廣泛運用各種感官，對背誦與記憶也很有幫助。

與喜歡的東西或情緒產生連結

如果想不出自己有什麼長處，也可以利用「嗜好」來記憶。爲了減輕「記不起來」的負面意識，可將漫畫角色或歌詞等與諧音結合，就會比較容易記得單字或人名。

另外，我也建議與「情緒」結合。強烈的情緒就像「扳機」，可以幫助我們回想記憶過的事。像我自己喜歡吃辣，會把吃超辣拉麵時覺得「眞好吃！」的情緒

學習沒有進展時的對策

困擾時的學習方程式

①動作 × ②加工 ＝ ③輸出

擅長唱歌的人

唱歌 × 將數字或公式編成旋律 ＝ **唱歌學習法**

擅長說話的人

說話 × 將記得的內容說出來 ＝ **演講學習法**

喜歡吃拉麵的人

喜歡拉麵 × 邊吃麵邊記憶 ＝ **拉麵學習法**

觸動情緒就像「扣下扳機」，能有效幫助背誦或回想。

利用「扳機」帶動學習

發揮「長處」
➡以自己擅長的動作連結

運用「喜好」
➡用喜歡的事物帶動情緒

心理上想逃避的難關，就利用正面情緒來幫助學習

與記憶結合，並命名為「拉麵學習法」，對瑣碎數字之類比較難記的內容而言，非常有效。

第2章 總　結

照抄筆記很NG，
不浪費時間的註記才OK。

睡前30分鐘集中背誦，
睡前5分鐘寫下重點。

起床後用5分鐘回想，
用15分鐘複習。

睡眠對學習也很重要。
利用靜心、午睡使大腦清醒。

不擅長的領域，
就利用長處或嗜好提升效率。

第3章

將「回想」例行化

我們以為記憶法是用來記住東西的，事實上，
它是將腦中知識以最佳方式喚出的技術。
看到問題，答案便馬上浮現腦海，
這就是記憶法的完成式。

最重要的目的，在於「回想答案」

14

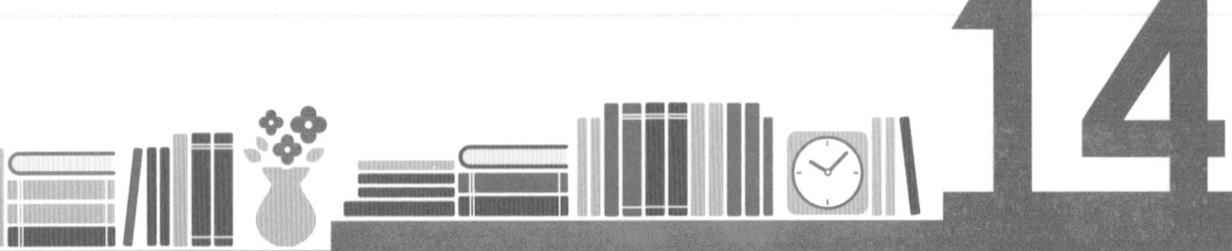

注意速度，喚出腦中所有記憶

「存入」再多，考試時若不能「輸出」，一切都沒有意義。存入與輸出的重點在於比例，其黃金比例是一比二：假設三個月後要考試，就花一個月存入，用兩個月輸出。

說穿了，**考試當天是輸出記憶的極致；以運動來說，就是比賽**。勝負關鍵在於，目前爲止的累積，能不能百分之百輸出？一定要避免的，就是原本應該解得出來的題目，卻因爲緊張而來不及寫。因此，**「速度」是最重要的，這一點從平常就要訓練；**六十分鐘的考試，大概四十五分鐘就要寫完。如此一來，即使一時緊張，使得腦筋一片空白，也還有十五分鐘的彈性可以調整。

記憶法的黃金比例

記住 1 : 回想 2

考試當天是輸出記憶的極致，想出答案最重要

將想起答案的能力最大化

輸出記憶 看到題目就想起答案

想不出來的、弄錯的，等一下再確認一次

提升速度 縮短解題時間

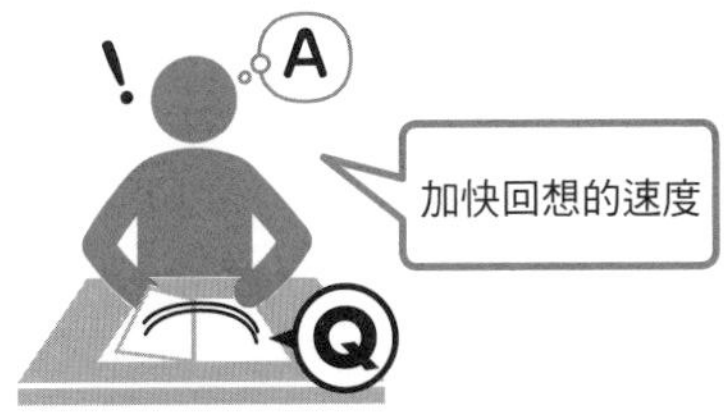

一邊注意速度，一邊練習回想，考試當天會更厲害

輸出的同時，也正在存入。假想現在就是正式考試，不要浪費時間。

回想需要反覆練習

將先前練習**「看答案→看題目」**的順序反過來，變成**「看題目→想答案→確認答案」**。這個方法可以在練習輸出的同時，一併存入。想不出來也沒有關係，只要反覆練習就好了。此外，別把答案寫在紙上，要訓練自己瞬間想出來。

接著就是**加快回想的速度**。如果一題原本要花一分鐘，就逐次縮短為四十秒、三十秒……一旦養成習慣，回想就會越來越快。

早晚各五分鐘！一定要做的「記憶存取法」

15

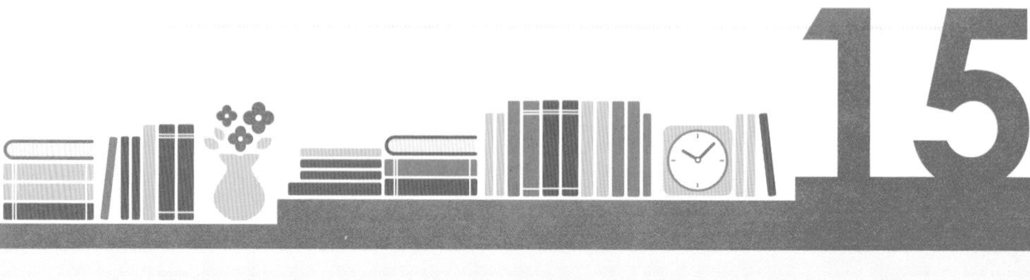

睡前花五分鐘複習今天所讀的東西

接下來，要告訴大家我所開發的終極方法。**利用睡前五分鐘，將當天所念的內容寫下來，隔天早上再花五分鐘回想**，這就是晚上五分鐘→早上五分鐘的「記憶存取法」。睡前所記住的內容會在睡眠時存進大腦，只要隔天早上起床後馬上回想，就可以牢牢地記住不忘。

要寫下的內容也非常簡單。**只要寫下日期和星期，再依序條列出讀過的考古題或參考書頁數就好了**。寫出記得的部分就可以；如果忘記內容的話，也可以看著寫過的題庫回想。

「晚上五分鐘」就是當天學習的第一次複習與輸出。

用起床後的回想強化記憶

隔天早上再花五分鐘回想前一天讀過的內容，用「早上五分鐘」做爲第二次複習與輸出。回想時，盡量不看自己寫的備忘錄，但實在想不起來的話，看一下也無妨。眞的記不得的地方，就重新看一次，然後再回想。

反覆練習「記憶存取法」，不但能培養回想的能力、使記憶更加牢固，記得與不記得的部分也會更明確。我有自信，這就是不花時間記憶的最強方法。

晚上 5 分鐘→早上 5 分鐘的「記憶存取法」

就寢前花 5 分鐘

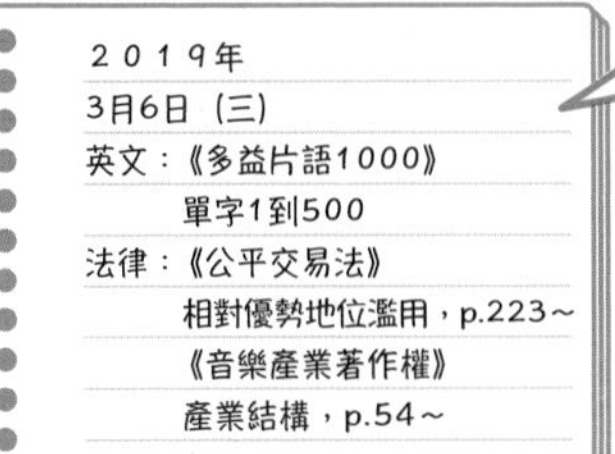

逐項寫下「日期」「星期」「項目」「學習內容所在（頁數等）」

將「晚上5分鐘」當成本日所學的第1次複習兼輸出

起床後 5 分鐘回想

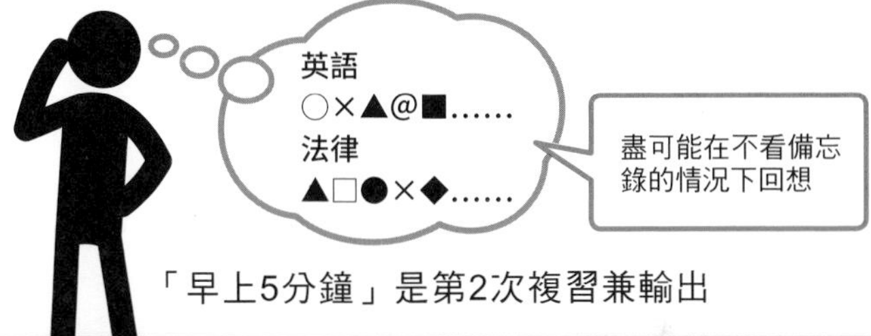

「早上5分鐘」是第2次複習兼輸出

睡前學習的內容會在睡眠時記在腦中，隔天早上的練習則可以穩固記憶。

複習最少要 2 次！

晚上 ➡ 早上

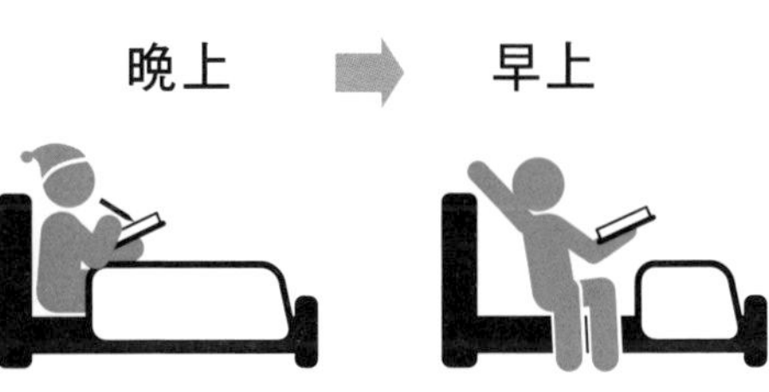

學習當天，用睡前5分鐘寫下，隔天起床後花5分鐘回想

拉長間隔，建立「忘不了的記憶」

逐漸拉長回想的間隔

先利用前一篇的「記憶存取法」，認眞執行穩固記憶的訓練，接著再將**「晚上五分鐘↓早上五分鐘」的間隔逐漸延長**。

例如，星期一晚上十一點寫下當天學習的內容，星期二早上七點回想，時間的間隔是八小時。同樣的內容在星期三上午進行第二次回想、星期五上午進行第三次回想……逐漸拉長間隔。間隔最長可設定爲一週，**八天內可以回想五次**。與「晚上五分鐘↓早上五分鐘」的練習一樣，如果有記不得的地方，就反覆進行。

回想所花費的時間將隨著練習逐漸縮短，最後就能達到瞬間想起的境界。

拉長間隔來加強記憶

8天內

一 二 三 四 五 六 日 一

1 2 3 4 5

8小時 1天 2天 3天

在8天內進行5次不同間隔的複習，就會變成忘不了的記憶

1週穩固記憶訓練計畫一覽表

	三 內容A	四 內容B	五 內容C	六 內容D	日 休息	一 內容E	二 內容F	三 內容G
三	A-1 睡前5分							
四	A-2 起床5分	B-1 睡前5分						
五	A-3 (AM5分)	B-2 起床5分	C-1 睡前5分					
六		B-3 (AM5分)	C-2 起床5分	D-1 睡前5分				
日	A-4 (AM5分)		C-3 (AM5分)	D-2 起床5分				
一		B-4 (AM5分)		D-3 (AM5分)		E-1 睡前5分		
二			C-4 (AM5分)			E-2 起床5分	F-1 (夜5分)	
三	A-5 (AM5分)			D-4 (AM5分)		E-3 (AM5分)	F-2 起床5分	G-1 睡前5分
四		B-5 (AM5分)					F-3 (AM5分)	G-2 起床5分
五			C-5 (AM5分)			E-4 (AM5分)		G-3 (AM5分)
六				D-5 (AM5分)			F-4 (AM5分)	
日								G-4 (AM5分)
一						E-5 (AM5分)		
二							F-5 (AM5分)	
三								G-5 (AM5分)

1天最多可存取5天份的學習內容

1天份的存取時間不要超過5分鐘

回想＝藉著反覆練習輸出，變成「忘不了的記憶」，成績就能突飛猛進。

可同時進行多項「回想」

這個訓練的另一項重點是，平常的「晚上五分鐘→早上五分鐘」與一週的循環練習要同時並行。除了當天的「晚上五分鐘→早上五分鐘」，接著再進行延長間隔的循環練習。因爲**每天都會有新的內容需要做回想練習，隨著時間累積，就能同時進行好幾項回想練習**，形成一套非常有效率的方法。正是因爲實踐這個方法，我的成績才會突飛猛進。越是忙碌，我越是推薦這個能利用少量時間穩固記憶的訓練。

1秒1頁！最高階的「記憶喚醒術」

17

一直翻到最後一頁

接下來要介紹的是開啓穩固記憶的「記憶喚醒術」。首先，準備一本以粗體字標示出關鍵詞、或自己用簽字筆之類標記過的題庫或參考書。接著，**一頁只花一秒鐘，只看一個關鍵詞**。這跟所謂的速讀不一樣：**不「讀」，只「看」**。就算有不懂的詞語，也不要停下來，只要簡單做個記號就好；至於**不懂的地方，就做為當天學習的課題**。

至於懂或不懂的判斷標準有三個：首先是知道關鍵詞，接著是懂得這個詞的意思（如果是人名，就看能不能想起他的稱號），最後則是能否再聯想到其他字詞。

喚醒記憶練習的 3 個注意事項

1. **1頁不看超過2秒**
2. **不用「讀」，只要「看」**
3. **就算有不懂的地方，也不要停下來**

用記憶喚醒術來準備考試

1頁·1秒·1個關鍵詞

〈懂／不懂的判斷標準〉

知道這個詞

知道這個詞的意思（遇人名則知其稱號）

腦中瞬間浮現相關詞語

注意速度，要訓練到瞬間想起的程度。一口氣從頭翻到最後一頁，記憶就能自然喚醒。

不用回想也能寫出答案！

如果能在一秒這麼短的時間內想出答案，**真正考試時，只要看到題目裡的一個字，答案自然就能浮現腦海**；若再加快速度，零點幾秒就能想到答案的話，就連回想都不必練習了。這個方法能幾乎把思考的時間縮短到「零」。

考試時，只要帶一本練習時使用的題庫，考前快速瀏覽一遍，記憶就能如泉湧般浮現，秒答題目。

儘管帶著自信去參加考試吧！

第3章 總　結

比記憶更重要的是
瞬間想出答案。

記憶法的黃金比例是
記憶1：回想2。

睡前用5分鐘默寫，
起床後花5分鐘回想。

拉長回想間隔，
8天內回想5次。

要喚醒記憶，
1頁1秒1個關鍵詞。

第4章

加強記憶的六項技巧

將為了準備考試而背誦的內容「內化」，
其實就是整理歸納腦中的資訊。
確定自己可以隨時輸出它們，
就像一看到對方的臉就想起名字。

在腦中建立「知識圖書館」

18

首先決定核心關鍵詞

如果只是漫無目的地存入資訊，就算需要的時候，也無法馬上找到。

要想隨時取出有用的資訊，腦中的知識就必須井然有序。為此，我們要先決定好「核心關鍵詞」。

我們可以從參考書或教科書中以粗體標示的字詞、目錄和索引中出現的詞彙來找。重要的詞語會反覆出現。找到關鍵詞後，再找出十個相關詞彙並記下來。

這些都是考試常見的重要關鍵詞，也是試題的「答案」。記得第一章教大家的「依出題頻率排序」嗎？這裡所說的關鍵詞，就是屬於A級。

如何決定核心關鍵詞？

以粗體標示的重要字詞

目錄中簡單扼要標示出內容的字詞

從索引查詢，重要的詞語會反覆出現

決定關鍵詞後，再整理排列腦中的知識

利用資訊書架建立腦中的知識圖書館

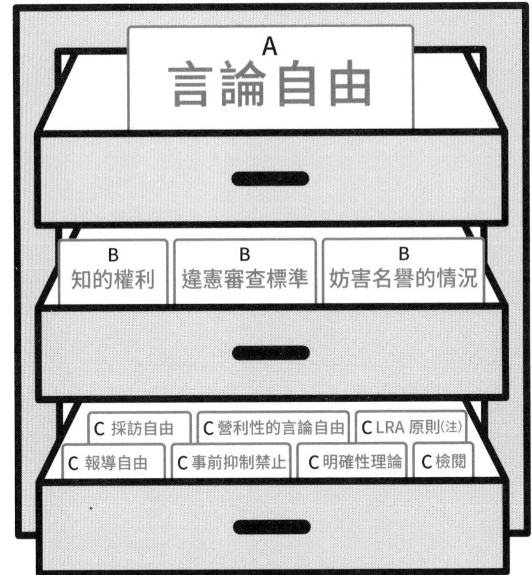

找到關鍵詞後，再聯想出10個相關詞彙，並進行排序

設置多個整理過的資訊書架，在腦中建立知識圖書館，以方便讀取

注：必要最小限制或更和緩限制手段（Less Restrictive Alternative）的縮寫。

有了「圖書館」，考試便不足為懼！

接著，**試著以A級關鍵詞為中心，聯想出十個詞語。接著，在A級單字下方，分別放進B級和C級詞彙**，這就是所謂的「資訊書架」。在**腦中設置幾個經過整理的資訊書架後，就能建立「知識圖書館」**。

考試的時候，我們常因爲太緊張而亂了方寸。當腦子一片空白時，「圖書館」就能派上用場。只要能想出一個關鍵詞，其他詞彙就會接連浮現出來，也就能沉著應付考試了。

藉著與人談話，整理記住的資訊

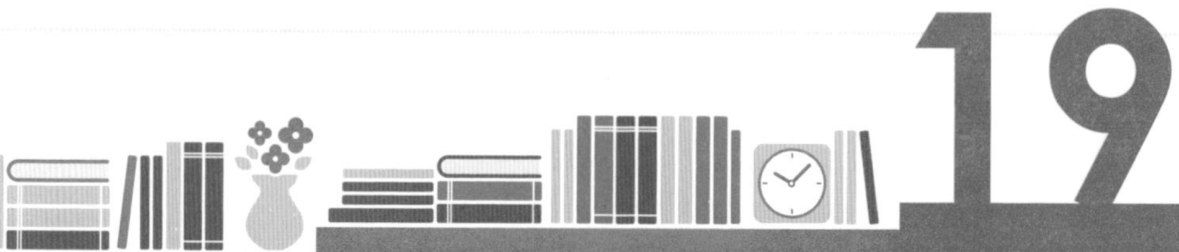

穩固知識最有效的方法

你是否有過以爲自己記熟了，考試卻沒寫對的經驗？若要**客觀評估自己真正的實力、整理記住的資訊，找個人說明目前正在研讀的內容**吧。過程中若有不理解或疑惑的地方，別置之不理，仔細地再讀一遍，就能增加知識量。此外，**口說的練習也對申論題很有幫助**。根據我過去的經驗，可以斷言這是最有效的方法。

談話的對象可以是比自己程度低的人，也可以是程度高的人。對程度比自己低的人說明，可以再次確認自己的知識；對程度較高的人，則會因爲見賢思齊，達到自我提升的效果。至於與程度相等的人談話，多半會變得平行而沒有交集，應盡量避免。

對他人說明的 3 項好處

有機會導正錯誤知識

發現自己「其實並不懂」

讓疑問浮現

口頭說明也能加強回答申論題的能力

以對話整理資訊

與程度較高的人對談時

因見賢思齊而提升自我

與程度較低的人對話時

藉著告訴程度較低的人，再次確認自己記住的資訊

透過口語表達自己學到的知識很重要。討論能使知識自然增加。

伴隨情緒，更容易記憶

準備司法考試的時候，經常和我一起討論的朋友，是全學年成績最優秀的。對我來說，往往在被他指出「理解不足」後，自己才有所察覺；而對他來說，我也常說出連聰明的他都從未想過的事。我倆相互切磋互補，帶來良好的刺激。

討論會引發情緒。當我們無法接受對方的理論時，會感覺煩躁，甚至出言爭辯，不過，**情緒也能使記憶更加鮮明**。可以說，與人談話也是喚醒記憶的一種「開關」。

一人分飾兩角！
用「自我簡報」強化記憶

口說可釐清思緒

前面提到，有時候，我們以爲頭腦已經理解，可是一旦要化爲言語，卻不知從何說起。不會說明，就表示還不明白，因此，**與他人對談除了能整理知識，也有穩固記憶的效果**。

但有時就是沒有說話的對象。這時候，我們可以一人分飾兩角，自己當自己的對手。如此一來，**即使是一個人，也能假裝有說話的對象，透過口說牢牢地留住記憶**。例如學外語，一人分飾兩角的對話就很有效果；不妨設想自己是老師，正對著學生上課，並設定「在餐廳點餐」「問路」等會話情境。持續練習下去，就知道有哪裡說不出來或不流暢的地方。

1個人的話，可以……

不必在意時間

不必害羞

不必裝模作樣

便可以得知自己真正學到了多少

自我簡報

對話時

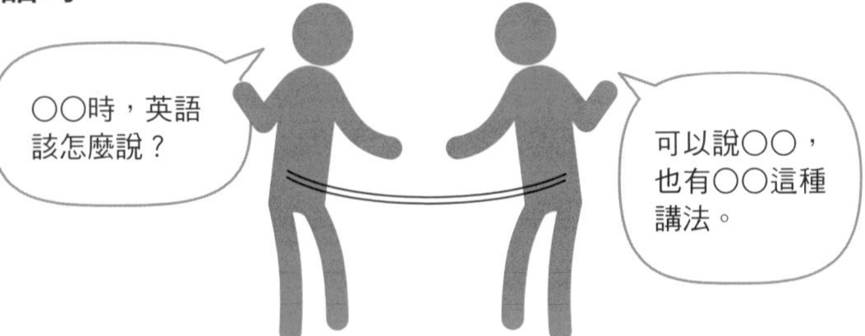

透過對話，可以學到自己說不出來或不流暢的地方

書寫時

夜深人靜時，可以用書寫代替談話

無論是談話或書寫，重點在於「不經思考地流暢表達」，目標是能不假思索地侃侃而談。

不能出聲？寫下來也OK

雖然重點是「說出聲音」，但在圖書館念書，或是家人都已就寢時，要發出聲音真的有困難。這時我們可以**「寫在紙上」，不論是寫下關鍵詞，或以圖表說明，都可以整理知識**。不過，前面也曾提醒過大家，不要陷入「把筆記寫漂亮」的迷思。**無論談話或書寫，重點在於「不經思考地流暢表達」**。想得起來，不代表記憶就穩固，一定要好好反覆練習。

將日常生活疑問與學習連結

21

自己提問自己答

大家在學習或記憶時，是不是都只靠題庫或教科書？事實上，舉凡吃飯或遊玩，日常生活中的一切事物都潛藏著值得學習的題目和答案。

偶爾去鄉間旅行時，不妨思考一下：「這裡是不是哪位歷史名人的故鄉？」這樣就能學到一點歷史；看到車廂裡的廣告，就想想：「這句話英文怎麼說？」這樣也能學習外文。**從小疑問聯想到自己的所學，就是「自己提問自己答」**。我在準備司法考試時，常常看著電視劇或漫畫的某段情境，思考：「這樣犯了什麼罪？」這個方法隨時隨地都可以執行，就像玩遊戲一樣。

平時就豎起天線很重要

心中一旦浮現疑問，就用現有的知識或記憶來解決。如果學識不足，把不懂的地方記起來就好了；或是運用自己現有的知識來挑戰，看看能解決到什麼程度，這也是一種自我精進。

重要的是，平時就要豎起天線，對周遭的一切保持關注，不放過一點問題。在將疑問當成課題、尋求答案的過程中，萌生的靈感可以提升思考力，考試時也會產生實際的效果。

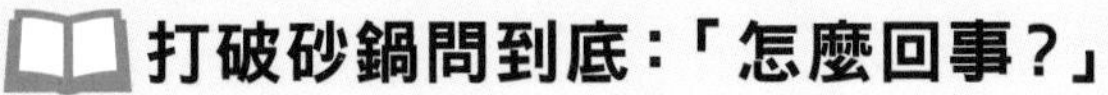

打破砂鍋問到底：「怎麼回事？」

自己提問自己答

挑戰一下，看看自己擁有的知識能解決多少問題，進而更深入鑽研。

提升資訊敏感度

 **平時就對周遭事物豎起天線**

 **不放過任何小疑問**

 **將疑問寫成試題**

心中浮現的疑問，就用所學的知識和記憶來解決

與書對話，釐清問題

22

瀏覽與已學知識相關的專業書籍

截至目前爲止，我們用了許多方法來「喚醒」記憶，知識也累積了不少。接下來要更進一步，介紹能提升知識吸收率的方法。

這個方法就是讀「書」。這裡所謂的「書」，不是題庫或參考書，而是與所學知識相關的讀物或專業書籍；比方說，學習英文的人，可以讀原文小說。無論任何領域，在尚未具備知識的情況下去讀專業書籍，完全看不懂也是理所當然的，不懂的還是不懂，也完全吸收不了知識。但是，在反覆輸出記憶、已增加知識的現在，應該就能知道自己哪裡懂，哪裡不懂，也就能做到「與書對話」。

知識不足，會阻礙閱讀

完全無法理解

不知道的事還是不知道

完全無法吸收知識

先增加知識，再行閱讀，才能從專業書籍中學到更多

提升知識吸收率的方法

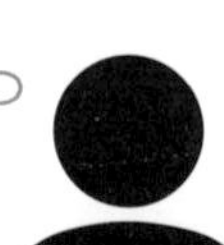

〈書的讀法〉

無法接受、不明所以的地方到底在哪裡？

在閱讀的同時，與書本對話

產生有別於過去程度的疑問

釐清疑問，閱讀與所學有關的小說或專業書籍，讓知識更深化。

認清疑問，才能深入知識

閱讀時，要尋找自己無法接受和不懂的地方。「這個結論是怎麼導出來的？」「如果是我，可能有別的解釋……」諸如此類，向書本提問、與之對話。**一邊釐清疑問，一邊閱讀，就能加深知識。**

這個方法**還能確認自己目前的程度**。會產生疑問，就表示我們的知識確實增加了，請務必要有自信。若能感受到這一點，也可以提高學習動機。

兩手空空去散步，可以激發靈感

23

改變環境，讓腦子煥然一新

相信大家都有遇到瓶頸的經驗。當思考停擺、什麼都記不住時，我會出去**「散步」**，一邊走，一邊想著剛剛念的東西，原本不懂的地方，就會突然靈機一動，瞬間覺得「原來如此」。

除了學習遇到瓶頸，比如無法消化上課的內容，或是與朋友討論不出結果時，我也會去散步。之前想不通的地方，常常就這樣一下子想通了。

當我們改變環境，讓五感得到刺激時，原本無法突破、不能理解的地方，往往就能突然看到答案。不僅如此，在頭腦清醒的同時，還能做到輸出與資訊的整理，這正是散步的最大效果。

兩手空空地思考，對考試更有利

常聽別人說「旅行時會帶來新的靈感」，這是因爲前所未有的經驗或與日常不同的事情，可以刺激腦部。散步也算是個「小旅行」，爲了得到更多刺激，我建議大家改變每天散步的路徑。

散步之所以有效果，是因為「可以心無旁騖地思考」。在兩手空空、沒有筆記或課本在身邊的狀態下，只能在心裡一問一答，藉由思考找出答案。這種練習對考試最有幫助。

不要小看散步

〈這種時候，去散步能提升成效〉

讀不下書時

無法消化上課內容時

與朋友討論沒有結果時

想不通的事，突然就想通了

散步時光是在心裡一問一答，對考試也能有很大的幫助。

散步的 3 大效果

從瓶頸中獲得解放，反而能看見答案

小旅行的經驗能刺激大腦

不帶教科書等物品，在「兩手空空」的狀態下思考

改變環境，讓頭腦煥然一新，也能整理資訊

第4章 總　結

從1個重要關鍵詞
聯想10個詞語。

只要試著說出口，
就知道記不記得。

從日常生活中提問，
自己解答。

閱讀專業書籍，
提高知識吸收率。

兩手空空散步去，
讓頭腦煥然一新。

第 5 章

化身主角，提高動力

要提升學習動力，
可以向遊戲借鏡，來獲得成就感。
承認自己的能力不足，
並享受逐漸養成實力的過程。

化身「遜咖主角」，享受遊戲

24

將讓成功的喜悅倍增。儘管拋開自尊，從負分的心態開始吧。

一開始先承認「遜咖的自己」

首先，**請坦承「自己根本做不到」**。有些人可能會覺得困惑，因爲許多人「無法承認自己做不到，覺得很丟臉」。但是，**從「知道自己做不到」開始是很重要的**。要是以爲「自己很行」，一旦進展不順利，就會感到絕望，甚至放棄努力。但如果先以「自己不行」爲前提，打擊應該就沒那麼大了。**知道自己做不到哪些事，也是不製造心理負擔的重要準備**。

此外，如果先承認自己不懂，等到後來學會時，「其實很簡單嘛」「或許還能更好」等想法，

把讀書當成遊戲攻略！第 1 步：設定角色

1. **成為遊戲的主角**
   ➡ 想像一個軟弱無能的人設
2. **沒有武器**
   ➡ 承認自己沒用
3. **打倒怪物**
   ➡ 克服問題

認為自己不行的人，才有發展空間

他們認為「不能承認自己不會，因為很丟臉」

不會無端製造心理的負擔

要提升讀書的動力，祕訣就是承認「自己不會」。如此一來，學會時的喜悅將會加倍。

化身主角，開始打怪吧

請先在腦中想像遊戲的畫面。

你是遊戲中的「遜咖主角」，一個很弱的角色；遊戲的終點就是達成自己所設定的目標。「要打倒這個敵人（問題），可能還太早了點」「再多修行（用功）一點，才能進到下一步」，化身為遊戲主角進行學習。**透過想像，比較容易知道自己離目標還有多遠、掌握自己的程度**。從一開始的負分，慢慢進步到零、成長到一，當程度越來越高時，就會覺得更有趣味，動力也會大幅提升！

閱讀遜咖主角逐漸成長的故事

25

想像成功的樣子

就算是主角，如果一直是個遜咖，就永遠不會達成目標。爲了向前邁進，可以**「閱讀描寫遜咖主角費盡千辛萬苦，終於成功的漫畫或小說」**。將自己與主角重疊，比較能具體想像成功後的自己。

備考時，我常看的漫畫是《火影忍者》。當時的我和故事主角鳴人一樣，是個吊車尾的傢伙。於是我想像自己是經過各種修行後，逐漸成長的鳴人，「雖然現在不會，但總有一天會成功！」一邊讀著漫畫，一邊鼓勵自己。

想像一個自己容易產生投射的人物，並在腦中描繪角色逐漸成長的模樣，學習就會特別有動力。

把讀書當成遊戲攻略！
第 2 步：設定人物性格！

等級10

1 **看漫畫**
➡ 英雄故事尤佳

2 **讀小說**
➡ 建議努力向上的故事

3 **投射至真實人物**
➡ 想像自己憧憬的人

只要意識到目的，行動就會改變

1 承認自己不會

想像成功的自己，並置身於這樣的世界觀

2 努力

努力就會有回報

確實認清努力的方向，心中懷抱目的

3 達成目標

熬過嚴格的修行

把自己投射在漫畫、小說或現實世界中「歷經千辛萬苦，最後終於成功的遜咖主角」。

沒有努力，就無法前進！

這個過程最重要的是「**努力**」。任何英雄都不是一開始就很優秀，必須經過嚴格的修行，才能逐漸強大。借用漫畫或小說的助力，置身「努力才能前進」的世界觀，然後「確實認清努力的方向」。一旦有了目的，不論是目前學習的效果，還是解決這個問題能了解的事情，看待它們的心態都會確實有所改變。

承認自己不會→努力→達成目標。請把這三個步驟放在心上、向前邁進吧。

在人前暢談「夢想」，更能接近目標

說出來，把自己向前推進

在努力的過程中，有一項強大的武器，就是**「夢想」**。每個人都有「考上第一志願」「拿到多益金色證書」之類的願望，但**夢想不能只留在心裡，要積極地說出來，對別人訴說**。

在日本，有所謂的「言靈」，相信語詞中寄宿著靈魂；說出口的話語，就代表這件事的結果。姑且不論實際上如何，但言語的影響力的確超乎想像的強大。更何況，一旦把夢想說出來，自己就沒有退路了。既然已經對眾人宣布，如果以失敗告終，豈不是很沒面子嗎？爲了實現夢想，就必須振作起來，動力也就自然提高了。換句話說，就是強迫自己「背水一戰」。

把讀書當遊戲攻略！第 3 步：找到同伴

1. **懷抱夢想、理想**
   ➡ 使目標明確
2. **說出來**
   ➡ 不要只是放在心中
3. **在人前宣示**
   ➡ 激勵自己實現夢想

對別人訴說夢想

〈對別人暢談夢想的效果〉

告訴別人自己的夢想，自己就沒有退路

增加有同樣夢想的同伴或朋友

夢想越大，意志越堅強

把夢想說出來，通往它的道路就自然會打開。言語可以呼喚同伴和資訊，創造命運的流向。

越是訴說，就越能接近

只要說出夢想，通往它的道路自然就會打開。比如對身邊的人說「我想成爲律師」，**懷抱同樣夢想的同伴或朋友就會越來越多**，還能交流有益的資訊。

大學時期，我的夢想是「經營日本第一的社團」。而擔任補教講師時，我也曾對學生宣示：「一定會讓你們全部考上第一志願！」聽起來很誇張沒錯，但我相信，夢想越遠大，才越有努力的衝勁。別害羞，積極訴說你偉大的夢想吧！

與能激勵自己成長的對手競爭

27

備考更需要競爭對手

所有的英雄故事都一定要有一個競爭對手。例如漫畫《火影忍者》中，主角鳴人的對手是佐助；《七龍珠》裡，則有把主角孫悟空視爲勁敵的達爾。

無論讀書或運動，一個人單打獨鬥時，常常不知道自己到底進展到什麼程度，這時**如果有競爭對手，對方的實力就可做為自己的量尺**。此外，「不想輸給他」的念頭，也會讓自己充滿幹勁。當彼此產生「他這麼努力，我也不能偷懶！」的同伴意識時，相互切磋琢磨之下，也可能激發超乎實力的表現。備考往往是孤獨的，這也使得競爭對手的存在格外重要。

把讀書當遊戲攻略！
第 4 步：決定對手

1. **決定對手**
   ➡ 確認程度
2. **與對手比較**
   ➡ 對方就是自己的衡量標準
3. **點燃競爭心**
   ➡ 發揮超乎實力的能力

想像競爭對手

你的對手是誰？

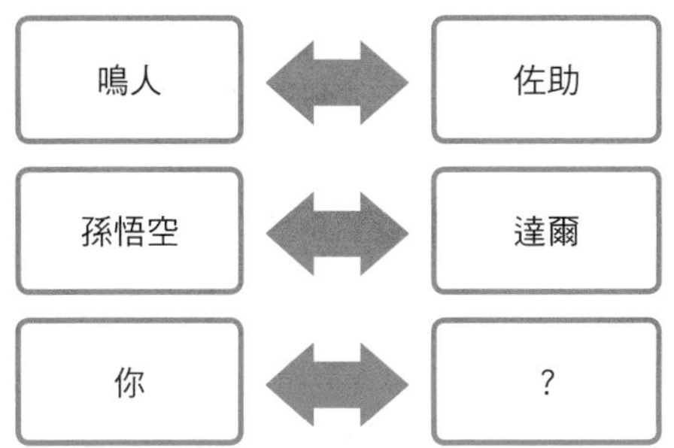

不論是化身主角，或決定對手，想像力都很重要。讀書也一樣，需要發揮這種力量。

想像與對手競爭

身為遊戲主角的你，也設定一個競爭對手吧。可以是參加同一項考試的朋友、自己崇拜的前輩，或是老師。如果現實中沒有這樣的人物，漫畫中的人物、假想的對象也可以。**「想像」對學習非常重要**。現在網路普及，使得孩子們越來越缺乏想像力；要想「化身主角」來學習，想像力是不可或缺的喔。

請大家試著幻想與對手展開競爭，盡可能深入探索學習的世界吧。

不要設太多規矩，不要忍耐

28

被規則束縛，就無法向前

當我們「化身主角」時，「過度的規則」會對學習產生阻礙。前面說過，動力必須靠情緒帶動，但規則往往會使我們壓抑它們。與其規定自己「念完這一段才能吃蛋糕」，卻因爲**忍耐而無法專心**，不如「一邊吃蛋糕，一邊念書」，雖然效率差一點，但專注力不會中斷，結果會比忍耐的人進度更快，就像龜兔賽跑裡的烏龜一樣。

在我看來，「受限於時間」「限定分量」「規定禁止事項」都是不聰明的規則；我也認爲，**凡事不用「不可以」「不准」來設限**，說不定這才是唯一需要的規矩。

把讀書當成遊戲攻略！
第 5 步：突破極限

等級40

1. **不過度拘泥規則**
   ➡ 解放情緒和本能
2. **不忍耐**
   ➡ 誠實面對欲望
3. **不設限**
   ➡ 相信自己可以突破不可能

「絕不能做」只會令人沮喪

1 禁止事項

「考試結束前絕不看電視」
➡ 越是忍耐，反而越不能專心

2 受限於時間

「今天要用功 8 小時」
➡ 如果沒辦法撐到8小時，就會覺得很沮喪

3 限定數量

「1 天寫 10 頁題庫」
➡ 一旦無法完成，動機就會下降

取消「不做〇〇」「不能〇〇」這種規則，設定沒有壓力的目標。

不要自我設限，挑戰「不可能」

要提升幹勁，就必須挑戰極限。準備司法考試時，我曾在一天內速讀了一二〇本書。當時許多人都說「絕對不可能」，但我堅信「可能或不可能不是誰說了算，極限的存在是爲了讓人超越」。前面提到「一邊吃蛋糕，一邊念書」，這種方法看起來或許很沒常識，但什麼都要試試看才知道。

一件事可不可行，不是由別人決定，而是自己。不要受限於常識或自以爲是，儘管挑戰那些「做不到」「不可能」的事吧。

掌握自己的慣性，將情緒化為動力

29

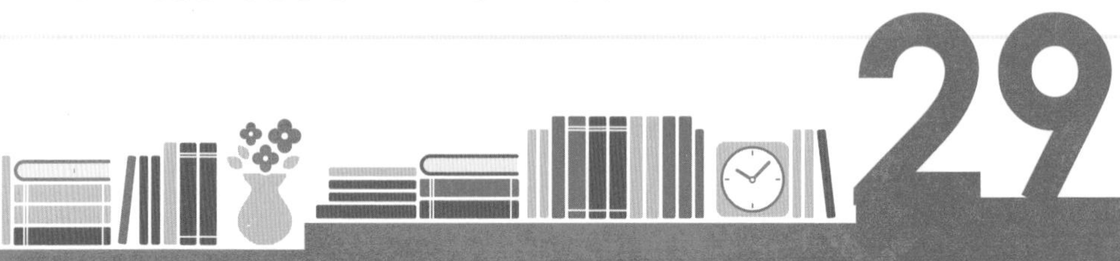

誠實面對欲求就會啟動情緒的開關

學習要順利，「情緒」是相當重要的關鍵。**人的情緒一旦觸動，幹勁也將截然不同。**當你看到競爭對手成功時，是否曾感到很不服氣？或是心生嚮往，想著「我也要像他一樣」？不論是「想加薪」「想吃美食」，還是「跟美女交往」，**越是接近本能的情緒，越能產生直接的動力。**換言之，情緒的持續驅動，就是實現目標的原動力。

驅動情緒時，必須**「誠實面對自己的欲求」**。平時就很喜歡的事物，即使沒特別在意它，也能隨時啟動情緒的開關。因此，就算沉迷偶像也無妨，即使對念書以外的事心動，最終還是能和學習產生連結。

把讀書當遊戲攻略！第 6 步：覺醒

1. **懷抱負面情緒**
   ➡ 利用嫉妒和悔恨的心情
2. **足以觸動本能的情緒**
   ➡ 可以激發動力
3. **了解心理慣性**
   ➡ 不被情緒左右

了解心理習性的 2 個提問

什麼原因會擾亂你的情緒？

控制正負向情緒，轉化成實現目標的動力。

不受情緒左右，自由操控

情緒是實現目標的動力。如果受外在因素干擾，就算再怎麼想專心，一樣什麼也吸收不了。**只要了解自己的「情緒慣性」，知道自己會在什麼狀態下變得焦躁，就能控制得宜。**

我很受不了突如其來的巨大聲響。當自己因驚嚇而慌張時，會想像心電圖漸漸恢復平靜的圖形。只要知道自己的情緒慣性，就可以盡量避開造成傷害的因素，達到預防的效果。

存檔行動，回顧時就能增加自信

30

簡單記錄當天完成的事項

這裡的「存檔」，指的是遊戲中最重要的動作，也就是「儲存進度」。準備考試時，我會將當日用功的進度記錄下來。例如某本參考書讀到第一百頁、題目從第一題到第一百題。**雖然只是寫下讀過的分量，但其實也能有效提升動力**，因為結果一目了然，很有成就感。而且我都是從不會的地方開始念，**看到自己「這麼難的都會了」**，就會更有自信。

重點是不寫具體內容。要是寫得太詳細，就和普通的註記或日記差不多，多半不會再看。此外，要是分量太少，會產生反效果，所以要盡可能記錄分量多的日子。

把讀書當成遊戲攻略！第7步：存檔

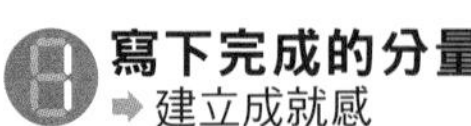

1. **寫下完成的分量**
   ➡ 建立成就感
2. **不寫日記**
   ➡ 避免「光寫就覺得滿足」
3. **回顧紀錄**
   ➡ 了解自己進步的狀況

學習紀錄能提升動力

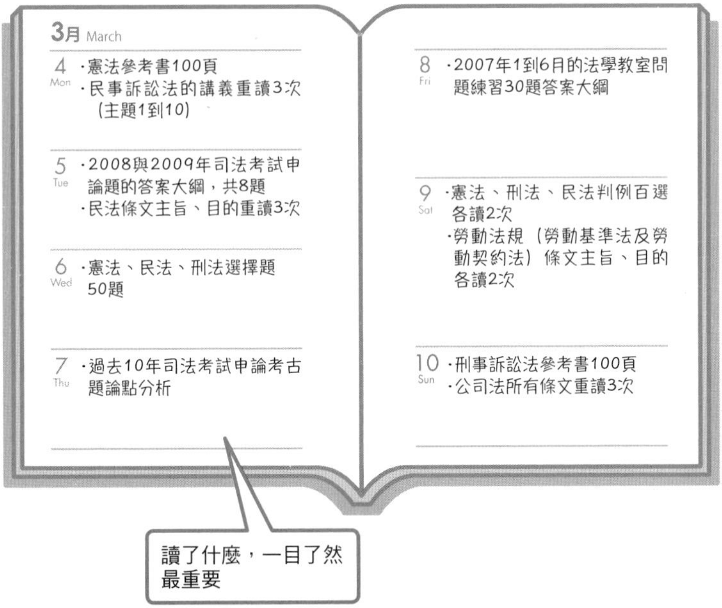

3月 March

4 Mon	·憲法參考書100頁 ·民事訴訟法的講義重讀3次（主題1到10）
5 Tue	·2008與2009年司法考試申論題的答案大綱，共8題 ·民法條文主旨、目的重讀3次
6 Wed	·憲法、民法、刑法選擇題50題
7 Thu	·過去10年司法考試申論考古題論點分析
8 Fri	·2007年1到6月的法學教室問題練習30題答案大綱
9 Sat	·憲法、刑法、民法判例百選各讀2次 ·勞動法規（勞動基準法及勞動契約法）條文主旨、目的各讀2次
10 Sun	·刑事訴訟法參考書100頁 ·公司法所有條文重讀3次

讀了什麼，一目了然最重要

回顧累積的紀錄，並確認現在的進度。學習量是不會讓你失望的。

回顧紀錄，並告訴身邊的人

回顧過去的紀錄，除了能了解自己比過去進步多少，也能更容易掌握目前的程度。

再將這些紀錄告訴身邊的人，他們一定會說你「好厲害」。人是很單純的，一旦獲得讚美，就會更努力；只要進步越多，就會越有動力。帶著相信「自己做得到！」的心情，盡量向前邁進吧，最後一定會發現，我們距離目標更近了。

第5章 總結

化身遜咖主角，就不會無端陷入沮喪。

對別人訴說夢想，更能接近目標。

設定假想對手，讓自己振作，嫉妒／羨慕成動力！

不自我設限，挑戰不可能。

記錄學習量以提升動力。

靠「情緒」養成習慣

每個人都有七情六欲，也就是喜怒哀樂，
以及愛好憎惡等欲望。只要點燃情緒，
就可以促使自己向前邁進。

最終目標是「人緣」和「財緣」

31

意識自己真正的欲求

我之所以想要成爲律師，是因爲想「盡可能幫助許多人」「看到人們的笑容」。但有一次朋友問我：「這感覺很抽象耶。你眞的這麼想嗎？」

這句話讓我再次思考，結果我發現自己眞正想要的，是「藉著成名認識偶像」「過自由自在的生活」。突然間，我從「被迫」用功，變成「自動自發」了。**真正的「欲求」讓我奮發向上。**那些想要「進名校」「進一流企業上班」的人，最根本的願望其實是「賺錢」「受人歡迎」吧？**只要強烈意識到對「人緣」或「財緣」的渴望，就能驟然提高對讀書的熱情。**

欲 讓你脫離「被動」

 **察覺自己的真心**

 **了解用功的真正目的**

 **強烈意識到「想受歡迎」**

了解自己想要「人緣」或「財緣」，就能驟然提高學習熱誠

深入挖掘目標

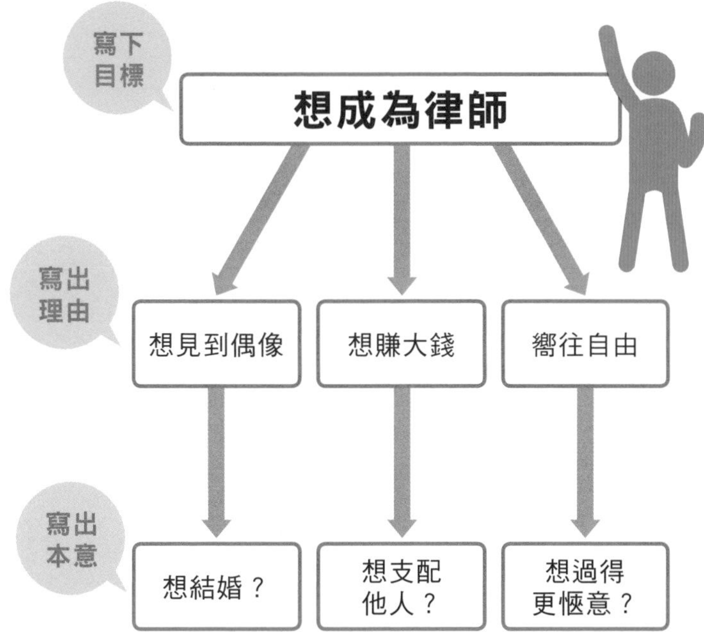

以「希望受歡迎」為最終目標，想像自己成功的樣子。當你發現自己的真心，就不會對學習感到茫然。

解放欲求，才能持續下去

如果還不清楚自己的欲求，不妨用寫的，因爲與其只在腦中思考，這麼做更能明確了解自己的眞心。人們常會自我壓抑，但光是說漂亮的場面話，反而容易遭受挫折。**不顧形象面對欲求，才能獲得解放。**

賓州大學心理學教授安潔拉．達克沃斯曾說，成功必須要有「恆毅力」這種堅持到底的力量，而做爲動力的，正是我們現在所說的根本欲求。請盡情想像自己成功的模樣，向前邁進吧。

因為想偷懶，所以追求效率

學習輕鬆一點也沒關係！

解放欲求後，我希望大家再解放一件事。那就是「想偷懶的心情」。在日文中，「樂」是輕鬆的意思；覺得輕鬆，才會感到「快樂」。

體育界有一種能在短時間內展現成果的「加壓訓練」；而號稱「輕鬆瘦身」的方法也不勝枚舉。但是說到讀書，「輕鬆」反倒給人不好的印象，大家好像都認爲「不可以偷懶，花時間苦讀才是正道」。但如果有輕鬆就能獲得成果的方法，任誰都會想要試試看吧？沒錯，**對於學習，我們也要讓「就是想偷懶」的想法獲得釋放。這個意識將會帶動效率，展現成果。**

樂 放輕鬆是一件好事

運動
➡ 加壓訓練等

減肥
➡ 減醣飲食等

以為學習就要吃苦，其實是錯的！

輕鬆學習方程式

想偷懶的念頭 ✕ 行動 ＝ 效率化

不想照做的學習法，請爽快地全部拋棄

效率化  學習量  最佳成果

縮短時間，隨時想著「最短距離」

沒時間按部就班的啦！想偷懶的念頭可以帶動效率，獲得最大成果。

「不想照做的方法，就爽快地拋棄吧」

我因爲「想偷懶」，才設計出了「狡猾讀書法」。**在尋找適合自己的方法之前，不妨先把「不想做的事寫出來」**。趁這個時候，把不想照做的方法全部拋開。還有一點，「在短時間內實行」也很重要，請隨時想著「最短距離」。

即使覺得不可能，也請放膽去試，一定能找到最適合自己的方法。

「想偷懶的念頭×行動＝效率化」
「效率化×學習量＝最佳成果」

這就是輕鬆學習方程式。

養成習慣才是最輕鬆的

33

只要養成習慣，自然就能習得

找到有效率的學習方法後，接著再爲大家說明，這條輕鬆的路該如何走下去。說穿了，就是要**「養成習慣」**。如果每次都想著「非做不可」，讀書就會變成一種負擔，無法堅持到最後。但如果變成習慣，就不必每次都提醒自己振作，**會變得自動自發，心理負擔也跟著減少**，甚至會變成一種「喜悅」。如此一來，效率好了，也能展現出最好的成果，產生「一連串的加分作用」。

所謂有效率的學習方法，是指不耗費時間就能大量習得。我自己認爲最有效果的，是在第三章所介紹的「八天五次回想練習」。養成這個習慣後，記憶量與日俱增，模擬考的分數也直線上升。

喜 產生正面連鎖

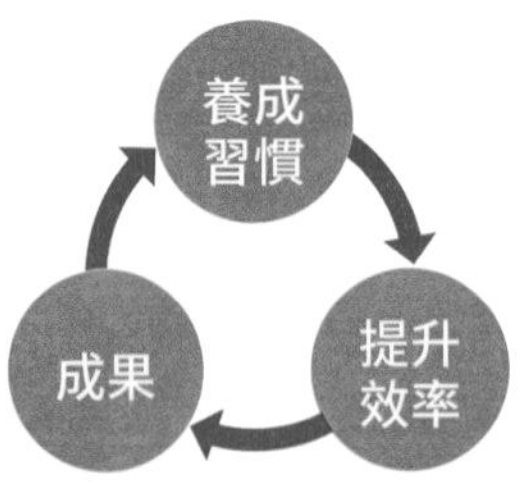

自然而然產生行動，心理負擔也跟著減少

人們因輕鬆而成長

腳踏車也是人們想變得
更輕鬆而發明出來的工具

腳踏車 | 讀書

一開始不習慣  無法拋棄過去的學習法

〈騎腳踏車和讀書一樣〉

必須經過訓練  反覆練習很重要

只要養成習慣，就沒有比這樣更輕鬆的學習法了。養成習慣的過程是最重要的。

養成習慣的過程需要堅持

要培養習慣，一定要**「堅持到習慣養成」**。我其實不太喜歡用「堅持」這個詞，但是在養成習慣前，一定要忍耐，沒有例外；而徹底執行也很重要。

例如「騎腳踏車」，必須經過訓練才能學會。不過一旦學會了，騎車便不再辛苦；身體習慣後，還能騎得更快。相同的道理也可以應用在學習上。只要養成習慣，再也沒有比這更能輕鬆持續的方法了。

善用負面情緒，可盡快養成習慣

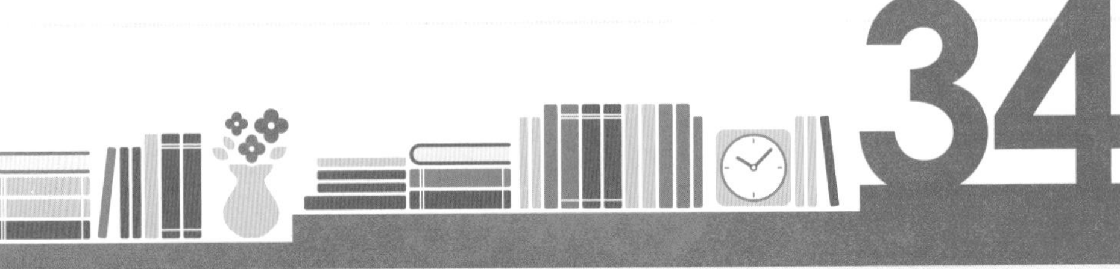

徹底想像最糟的結果

培養習慣的祕訣就是徹底想像「哀」＝「悲慘結果」，也就是**「如果沒有養成習慣會怎樣」**。

這樣的擔憂能促使習慣養成。負面想像不一定都是壞事，據說許多成功的經營者，其實也都是悲觀的人。正因爲心裡不安，才會比別人更小心翼翼，不敢懈怠。

此外，**人只要經歷過一次失敗，就會努力不讓自己再後悔。**

我曾對最愛的奶奶承諾，要讓她看我的律師徽章，卻因爲偷懶不用功而落榜。然而，就在我即將成爲律師前不久，奶奶竟在東日本大地震中罹難，我與她的約定再也不可能實現。從此以後，我總是帶著「現在不努力，一定會後悔」的心情行事。

哀 悲觀經營者的成功哲學

因為覺得不安，所以比別人更小心翼翼

準備齊全，毫不懈怠

努力避免發生最糟的情況

徹底想像最糟的結果，才會努力避免

思考現在不努力的話，會有什麼後果

利用悲慘的負面情緒，積極設法避免發生最糟的結果。

將負面情緒轉為正面

參加司法考試時，我也曾想到「二十七歲還沒考上的話，就更難找工作了，要是年過三十還失業……」等情況，直到發現往後的人生可能跌到谷底時，才打起精神：「絕不能變成那樣！」

不只是讀書，認識心儀的對象時也一樣：「現在不告白，以後可能就沒機會了。我要鼓起勇氣才行！」**想避免最糟結果的念頭，會讓我們更積極行動。**善用負面情緒，也可以成爲大大加分的契機。

讓專注力最大化的流行歌曲

35

透過輕快的節奏，沉浸在自己的世界

再怎麼持續用功，總有「分神」的時候。相信大家都有過無法專心思考，或是分心做起其他事情的經驗。遇到這種情況，我會停下來聽一些流行歌曲。最近常聽的是ＡＫＢ48或傑尼斯偶像的歌曲。**流行歌曲對於集中精神非常有效**。這是因爲我們把對偶像的「愛」轉化成學習的動力。

流行歌曲節奏明快，能讓人的心情自然而然變好。有人說，暢銷歌曲的節奏與心跳很類似，使得身心容易與歌曲的節奏合拍；再配合好記的旋律，不知不覺就會沉浸在自己的世界裡。如此一來，不會再被其他事物干擾，能完全集中精神。

愛 用功時最愛聽的歌 Top 3

1. **不和諧音** 欅坂46
2. **truth** 嵐
3. **Get Wild** TM NETWORK

流行或動漫歌曲可以提高專注力

讓音樂成為學習夥伴

一邊聽音樂，
一邊讀書

精神一旦集中了，
就關掉音樂

聽音樂是為了在剛開始用功時提振精神。只要能專心，就把音樂關掉。

能專心的話，就關掉音樂

除了流行歌，動漫歌曲也有同樣的效果。我常聽動畫《涼宮春日的憂鬱》的插曲〈God knows…〉，而且比起自己喜歡的音樂，這種節奏明快的曲子更有幫助。

這個方法建議使用在必須特別專注的時期，比如正在努力培養習慣時。不過要記得，**聽歌只是為了專注，精神集中了就要關掉**，之後再隨著自己的節奏，進入更專注的境界。

為了一直玩、一直玩，才要縮短用功時間

36

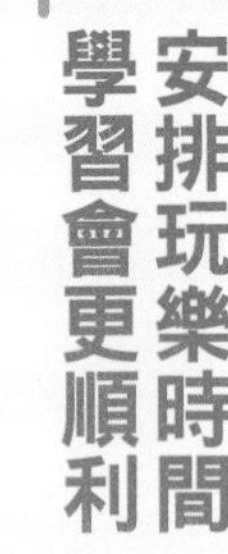

「讀書的時候不要玩」「不用功的人才愛玩」，過去人們總認爲，讀書和玩樂不能兼顧，玩樂更被當成「壞事」。但事實上並非如此，而且**安排玩樂時間，還能提升學習效率**。

第二次重考時，我還因爲時間太多，把數學課本整個抄一遍，實在是很笨的方法。上了大學後，我擔任公益社團幹部，參加志工活動，還在補習班擔任組長、講座召集人等，累積了各種經驗，其中也包含對重考時期的反省。我學會在短時間有效率地學習，成爲三重大學第一個考上立命館大學法律研究所的校友。直到今天，對於在參與各種活動的同時，也兼顧課業，而且比任何人都用功的自己，我仍感到很驕傲。

惡 拋開罪惡感，盡情玩樂！

 用功讀書的時候不要玩

 不用功的人才愛玩

 讀書和玩樂不能兼顧

↓

安排玩樂的時間，讀書的效率也會提升

有時間不一定要讀書

常見的失敗案例

- ☑ 教科書整本照抄
- ☑ 讀書拖拖拉拉
- ☑ 休息時間太長

安排玩樂時間，可以提升學習效率

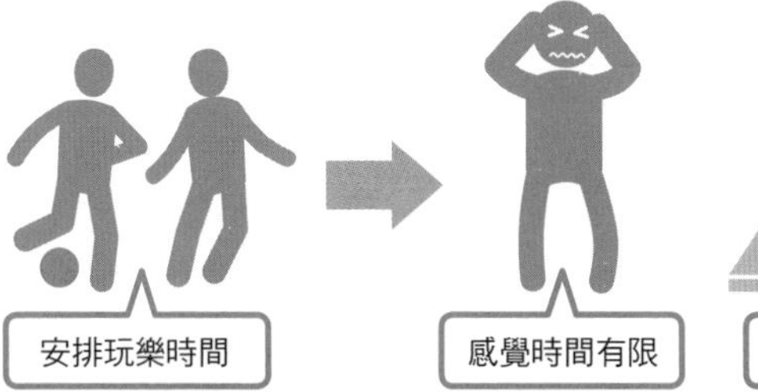

為了提升學習效率，刻意讓自己感受急迫的狀況。要是不刻意逼迫自己，就不會成長。

玩樂和讀書都全力以赴！

因為時間有限，才會督促自己。讀書要有效率，就必須刻意將自己逼入絕境。換句話說，多安排一些玩樂時間，就會強迫自己只能在短時間讀完書。

臉書創辦人馬克．祖克伯曾說「要勇於叛逆」。不放手去做，就不會成長。我們也應該拋開限制，盡情玩樂，也努力讀書。現在正專心用功的人們！請你們盡情玩樂吧！

激發幹勁和正面思考的方法

37

對自己生氣可以激發幹勁

第二次重考那年，我就像生活在地獄。把自己關在又小又髒的公寓房間裡，誰也不見，也從沒好好吃頓飯，只是一個勁地用功讀書，最後卻拉出血便，得不償失。或許有人認爲，一旦跌落谷底，就會一蹶不振，事實上正好相反。因爲「再也不想過這種生活」「只能拚了！」的心情，反而讓人奮發向上。對自己「生氣」的激烈情緒會轉化成努力的能量。**只要經歷過最惡劣的狀況，人就會變得積極。**

之後，只要想像自己「如果又回到那時候」，就會拚命努力，絕不再重蹈覆轍，最後終於實現夢想。像這樣，**利用稍微極端的想像，可以有效激發幹勁。**

怒 令人洩氣的事也有益處

 跌到谷底，就不會更糟了

 所有的負面狀況都經歷過

 走投無路，才有辦法提振精神

↓

動力不但不會下降，反而會提升

幹勁要靠自己喚起

跌到谷底的人最強！把自己逼到絕境，懷抱熱情與遠大目標的人就能實現夢想。

懷抱超乎常識的崇高目標

維持幹勁的另一個祕訣是「懷抱崇高的目標」。

明治維新的精神領袖吉田松陰曾留下一句意味深長的名言：「我已然是個狂人。唯一的念頭就是繼續向前。」我對松陰所說「狂人」的解釋是：狂熱地懷抱崇高目標的人。一般常人想不到的偉大志向，會轉化成實現夢想的能量。我常因暢談偉大目標而被別人取笑，但我認爲，所有人都應該擁有「九九%的人都認爲不可能」的崇高志向。如此一來，便能使人奮發，充滿幹勁。

第6章 總　結

**誠實面對欲求，
讓目標更明確。**

**想偷懶的念頭可提升效率。
養成習慣最輕鬆。**

**徹底想像最糟的結果，
吸引正向思考。**

流行歌曲有助於提升專注力。

**安排玩樂的時間，
可提升學習效率。**

第 7 章

列出清單，
享受完成任務的樂趣

「決定今天要做的事」和「每完成一項，
就從清單上畫掉」，讓學習按部就班。
行動有目的，就能自然而然達成目標。

晚上具體想像，早上專心書寫

38

明確列出當天要做的事

首先，**每天早上做一張當天的待辦事項清單**。爲什麼不前一天寫？理由是「**為了要使當天該做的事更明確**」。如果漫無目的地開始，就會不知道自己做了些什麼，也不會有什麼成果。

該做的事是否明確，會讓結果會很不一樣；而且知道自己該做什麼，就不會浪費時間。我這個「狡猾讀書法」的特徵，就是「短時間內展現效果」。

製作清單的時間要安排在第三章介紹的「記憶存取法」結束後；也就是出門上班或準備開始用功前。花費的時間大約是十到十五分鐘，不要太久。爲此，前一晚就要有大致的想法，這裡建議大家可以先「想像」一下。

列出清單的理由

 **明確知道要做什麼**

 **自己動腦思考**

 **描繪學習的路徑**

目的在於將學習的印象具現化

待辦事項清單應該什麼時候寫？

晚上「想像」

為了隔天能繼續用功，並配合早上起床時的身體狀況或精神狀態

早上「輸出」

早晨複習完，為了不茫然度過一天，明確決定該做的事

〈什麼時候寫才好？〉

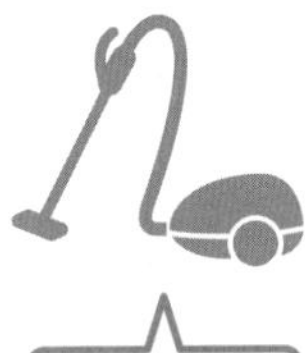

晚上的想像、早晨的釋出也要兼顧讀書以外的事。只要寫1天用功時間可以進行的事。

回顧清單，就會留存在記憶裡

一天結束前，在晚上將完成的項目畫線消去。因爲日後還要回顧，所以只要畫線就好，不要蓋掉文字。每天翻看累積起來的清單當做複習，不知不覺就能全部記在腦中——這才是製作清單最重要的目的。我會寫在一本小冊子上，可以隨身攜帶、隨時查看。至於你想寫在哪裡，可以自由決定。

寫下清單，才能知道「自己有何不足」，對於想像到達終點的地圖，也會更容易。

不要寫得太籠統，要有具體內容

39

替每個科目分類

清單要寫得具體、簡單扼要。例如「讀課本四到五頁」，這種寫法就太籠統，沒有意義。**不是質和量，而是要清楚寫出想學到什麼、吸收什麼**。像是「憲法」這一科「職業選擇的自由」，或是英語的「過去式」等，列舉出每科的「項目」。想像從「樹幹」往「樹枝」擴散的感覺，不是隨便想到什麼就寫什麼，而是**要寫出「前一天不懂的地方」**。

關鍵詞的寫法可以參考課本的**目錄**，寫得具體又扼要。如果一時想不出來，也可挑出考古題沒做過的題目，或記不住的地方。

除了項目，還要寫出方法

除了列出關鍵詞，也要寫出「方法」。假設關鍵詞是「司法考試考古題」，後面就要寫出「構思解答」等，更具體地寫出該做什麼。

要注意的是，這裡所寫的內容**「是否與自己的目標符合」**。如果想提高考試的分數，就要寫上有助於此的項目。另外，每次都要增加新的項目，不要只是複習，也要有新的進度。還有，範圍要是太廣，就無法兼顧，這一點也要留意。

寫出具體內容

寫得模糊籠統

要寫的不是「讀課本4～5頁」
這種模糊的範圍或分量

寫出具體項目

像「複習民法條文的制度主旨」這樣，
寫明要學習的內容，別人也能一看就懂

〈以樹木為比喻……〉

就像樹幹→樹枝→樹葉，寫出詳細的項目。對前一天的學習內容有不懂的地方，也可以寫下來。

若是設定以得分為目的

 **學習是否有意義？**

 **有沒有加入新的領域？**

 **範圍會不會太大？**

以關鍵詞搭配方法，進行思考

最少列出五項，並選擇正向語句

40

從五項開始逐漸增加

待辦事項清單要是列出太多項，就會造成負擔而無法持久；太少則無法提升動力。**請至少列出五項，以此為起點，日後再慢慢增加，一週至少增加一項。**人的頭腦和身體一樣，適度的負荷更有助於成長。但切記，等習慣之後才酌量增加。

更重要的是，不要勉強自己。如果當天不是那麼有勁，依身體狀況刪減項目也無妨。但要是都不做，習慣的養成就會中斷，所以無論如何，至少要進行一項。還有，爲了避免休息成習慣，刪減的隔天就必須增加項目。至於旅行或休假期間、無法完整執行時，乾脆都不做比較好。只是心裡必須做好準備，假期一結束就要復工。

拒絕以負面觀點列表

昨天沒完成〇〇，重來一次

工作沒勁，乾脆看漫畫好了

複習最頭痛的刑法〇〇

不要用會影響鬥志的寫法，盡可能排除負面因素

一開始列 5 項就好

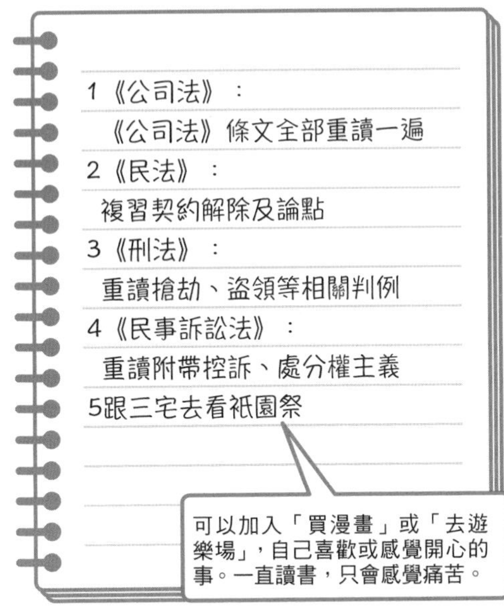

養成習慣很重要，不必全部完成，但至少要完成1項。

玩樂的事也列進清單

第六章曾提到，爲了用功讀書而忍著不玩樂，是會造成反效果的。**清單中除了功課，還可以寫上玩樂或具有正面意義的事。**情緒和記憶是連動的，當我們感覺「好開心！」時，有關學習的記憶也比較容易喚起。

你是不是覺得讀書很辛苦？一旦這麼想，就不會成長；能感覺「喜歡」「開心」，功課才會進步。所以讀書要和開心的事連結在一起，就像看漫畫也可以是用功的一環，儘管拋開那些陳舊的觀念吧！

做不到的放一邊！列出「做得到清單」

標準不要訂得太高！

前面也說過，「只寫做得到的事」，這個態度很重要。明明在準備高中的期末考，卻突然讀起大學程度的試題，這未免太奇怪了。雖然稍微逞強沒什麼關係，但沒有計畫就不太好。不過，光是只列出「已經會的事」，很難期待有什麼成長，因此，**視自己的程度而定，列出尚未完全理解、不足和今後應該加強的地方。**

除了寫下「做得到的事」，也要留意**「時間」**。就算所有項目都符合自己的程度，但全部做完得花上一整天，那是不可能完成的。一開始先把一天的讀書時間設定爲五小時，寫下這個時間內可以完成的事就好了。

重要的是這 2 項

將原本不會的事情練習到會

不列已經完全會的事情

減少無能感，同時也重視實力升級的感受

待辦事項清單的寫法·使用方法

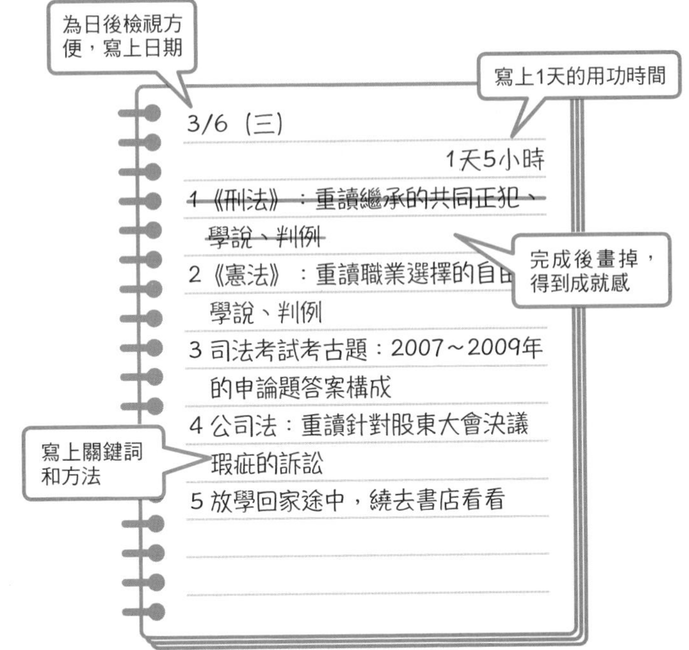

待辦事項清單是持續學習的手段，可以感受一路走來的學習軌跡。

讓自己實際感受到程度提升

爲什麼要只寫自己做得到的事呢?就是爲了要**「消除做不到的感覺」**。人類很單純，只要是自己不會的事，就會覺得它很麻煩，越看越討厭，更不想做了。爲避免陷入這種負面循環，寫出做得到的事，讓自己感受「程度提升」。這正是習慣養成、持之以恆的訣竅。

把這些事項一件件畫掉時，會很有成就感。每天檢視成果，持之以恆，一定會有所成長！

第7章 總　結

隔天要做的事，
先在前一晚想像。

早上寫下待辦事項，
完成的部分則劃掉。

列清單不能籠統模糊，
要寫出具體內容。

目標最少5項。
用正面積極的態度列舉。

彌補不足，減少無能感。

終章

不同科目都能用的「狡猾讀書法」

《狡猾的讀書法》問世後，便有讀者希望能針對不同科目講解。接下來，我將依申論題、數學、時事、國文進行介紹，而這些方法也可以應用在其他科目。

記住優秀範文的結構、布局與寫法

從模仿開始

開始答題之前，應該要注意的重點是「題目的問法」。在考古題中，我們可以發現到各種題型，有些題目是要「針對○○加以說明」，也有些是要「根據文章陳述見解」。首先要搞懂的，就是在問什麼。

接著是「意識到文章的結構與順序」。有些人什麼都不管，想到什麼寫什麼。基本的結構是「大前提、小前提、結論」，稱爲「三段論法」。這部分也可以參考考古題，先模仿優秀的例文寫法，慢慢學起來就好。

只要讀過許多考古題，大概就會知道考試常針對哪些論點出題，只要統整起來記熟就好了。

申論題攻略 3 大重點

1. 弄清楚題目要問什麼
2. 意識文章的結構與順序（三段論法）
3. 記住常見的論點（問題所在）

「公式＋解題手法」，成套熟記才有效

數學

只背公式沒意義

數學這一科最重要的就是「不要在毫無準備的情況下解題」。一般來說，只要計算稍有錯誤，答案就不對了，而「答錯」更容易造成挫折。因此，準備數學時，更應該要運用「狡猾讀書法」教大家的「先看答案」。

許多人也認爲，「數學只要把公式背好就行了」，事實上這是很嚴重的誤解。就算背再多公式，如果不懂得應用在題目上，就一點意義也沒有。

那麼，該如何應用公式呢？與申論題的攻略相同，「先記住出題模式」。盡可能從考古題觀察各種題型和解法，就可以找到法則，知道哪一類的題目要用哪個公式。只要知道這一點，既不用花太多時間計算，也比較不會出錯。

數學攻略 3 大重點

1 數學更要先看答案

2 不要只背公式

3 記住什麼樣的題目用什麼樣的公式

回溯到多久前？哪個領域？從出題方向看出關鍵

時事

確認出題範圍和形式

現在各科都會加入時事問題，而這種題目的出題範圍也十分廣泛。不過還是可以從考古題中找到簡單的攻略。

首先要記住題目的出題「傾向」。「以過去一年的事件爲主嗎？」「政治或是經濟？」「國際還是國內情勢？」等，都可以看出這一點。

接著確認「出題形式」。例如看圖表「陳述此項統計可得知的事」，或「何謂嬰兒潮世代」等對照現代社會的題目。由於類型眾多，最好能先掌握答題模式。漫無目的地看新聞，是無法獲得高分的。

此外，還可以觀察容易得分的寫法，相關考古題的解說多半都會附，請務必瀏覽一下。

時事題攻略 3 大重點

1 記住出題範圍的傾向

2 確認出題形式

3 了解得分重點

答案有限定範圍，考驗閱讀能力

國文

答案是固定的

國文的重點在閱讀測驗。很多題目都會問「作者想說的事」，大家也多半以為這種題目有很多種答案，但事實上答案都是固定的，只要對照考古題的題目和解答就知道。一般來說，「但是」「因此」等接續詞之後的句子，通常就是作者真正想講的事。只要先抓到這一點，就沒什麼好怕的了。

如果是有關小說的題目，大多會問故事中人物的心境。文章裡也許沒有直接寫出來，但可以透過天氣或景色的變化與描寫，聯想出答案。

另外，古文的出題內容也是有限定範圍的，只要記得它的白話文翻譯，就能大概對應到裡頭的字句意義。這就是「狡猾讀書法」的精華所在喔！

國文攻略 3 大重點

1. 閱讀測驗的答案是固定的
2. 角色的心境，可以從周遭事物的變化得知
3. 用白話文來記古文

結語

改變方法，就能改變人生

自《狡猾的讀書法》出版以來，不僅在國內，國外也有許多讀者都讀了本書。許多人紛紛藉著電話、書信、電子郵件等捎來令人欣喜的消息：「《狡猾的讀書法》幫我拿到了高分！」「我一次就考上了！」其中也有直接向我致謝的讀者，身爲作者的我，由衷爲他們感到高興。

出版之後，我到高中、大學等教育機構或企業演講，講授這套讀書法。我看到許多認眞用功卻「總是得不到高分」「考不到證照」的學生和社會人士，而他們的共通點都是「不在意讀書法」或是「根本不知道方法」。

所謂的天才、資優生，一定都有自己的一套策略，並在社會上展現他們的成果。與這些優秀人才對談時，他們也都異口同聲強調「學習法眞的非常重要」。

我也一樣，只是改變了讀書方法，眼前的風景便完全不同了。學會讀書法，就能擁有改變人生的機會；讀書法就是實現夢想、實現自我的工具。

埋頭苦讀卻不見成果的人，往往難以拋棄自己一直以來習慣的方法，但這其實是一種「惡性偷懶」。至於能在短時間內展現成果的高效讀書法，則能讓你學會「良性偷懶」，而且讓你不懼任何考試。所以為了考上，一定要立刻改變不良的學習方法。

請重新檢視，並學會適合自己的讀書法，然後盡情去實現夢想吧！本書應該能幫你打開夢想的大門。夢想正在等著你。

最後，為了圖解版的出版，我再次與編輯武井先生、文案狩野先生見面。多年前的合作就像是昨天剛發生的事情一樣。還記得武井先生曾督促我：「這樣寫的話，這邊兩行就沒囉。」「請為讀者多想想。」這些激勵眞是美好的回憶。《狡猾的讀書法》能夠得到廣大讀者的支持，這兩位功不可沒，我由衷地表示感謝。

還有我親愛的家人——爸爸、媽媽和弟弟，感謝他們爽快答應在漫畫中登場。

國家圖書館出版品預行編目資料

【圖解】狡猾的讀書法：應考必備！改變順序，短時間考出好成績／佐藤大和 著，蔡昭儀 譯 .
-- 初版 -- 臺北市：究竟，2020.2
120 面；14.8×20.8 公分 --（第一本；101）
譯自：図解版 ずるい暗記術
ISBN 978-986-137-290-7（平裝）

1. 記憶 2. 讀書法 3. 學習方法

176.3 108021797

Eurasian Publishing Group 圓神出版事業機構 用心與你對話．視野無限寬廣 究竟出版社 Athena Press

www.booklife.com.tw reader@mail.eurasian.com.tw

第一本 101

【圖解】狡猾的讀書法：
應考必備！改變順序，短時間考出好成績

作　　者／佐藤大和
譯　　者／蔡昭儀
發 行 人／簡志忠
出 版 者／究竟出版社股份有限公司
地　　址／臺北市南京東路四段50號6樓之1
電　　話／（02）2579-6600．2579-8800．2570-3939
傳　　真／（02）2579-0338．2577-3220．2570-3636
總 編 輯／陳秋月
副總編輯／賴良珠
責任編輯／林雅萩
美術編輯／潘大智
行銷企畫／朱智琳．詹怡慧
印務統籌／劉鳳剛．高榮祥
監　　印／高榮祥
排　　版／杜易蓉
經 銷 商／叩應股份有限公司
郵撥帳號／18707239
法律顧問／圓神出版事業機構法律顧問　蕭雄淋律師
印　　刷／祥峯印刷廠
2020年2月　初版
2023年3月　7刷

定價 270 元　ISBN 978-986-137-290-7

Printed in Taiwan